Harriet Grundmann
Komm mit ins Traumland

Harriet Grundmann

Komm mit ins Traumland

Gutenachtgeschichten

Mit Bildern von Sybille Hein

Ravensburger Buchverlag

Für alle kleinen Apfelblüten-Feen und Traumpiraten.
Für meine liebe Familie! Und ganz besonders für dich.
Harriet Grundmann

Als Ravensburger Taschenbuch
Band 52471
erschienen 2012

Die Originalausgabe erschien 2009 im Ravensburger Buchverlag
© 2009 Ravensburger Buchverlag Otto Maier GmbH
Innenillustration: Sybille Hein
Umschlagillustration: Anne Seele unter Verwendung
einer Illustration von Sybille Hein

Printed in Germany

1 2 3 4 5 16 15 14 13 12

ISBN 978-3-473-52471-6

www.ravensburger.de

Inhalt

Das Geschenk

Einmal brachte mir meine Tante Lulu eine große Pralinenschachtel mit.

„Pralinen?", fragte ich erstaunt. „Die kriegen doch sonst nur Mama und Papa geschenkt!"

„Du wirst sie bestimmt mögen!", sagte Lulu und lächelte geheimnisvoll. „Sie sind traumhaft!"

Ich ging in mein Zimmer und sah mir den Karton an.

Er war gut verschlossen – mit einem goldenen Band und einer glitzernden Folie. Als ich beides entfernt hatte und den Deckel vorsichtig anhob, sah ich, dass alle Pralinen noch einmal einzeln in buntes Papier eingewickelt waren.

Auf jeder klebte ein Schildchen.

„Schatzsuche" stand auf der einen.

„Sommergewitter" auf der anderen.

Auf der nächsten stand „Apfelblütenfee".

Was für seltsame Namen!

Ich nahm keine Praline heraus, sondern stellte die Schachtel geöffnet auf meinen Nachttisch.

Wie schön sie aussah!

Erst am Abend nahm ich eine der Pralinen. Was sich wohl in dem dunkelblauen Seidenpapier verbarg?

„Flaschenpost" stand auf dem kleinen Schildchen.
Ich roch daran. Seltsam, irgendwie duftete es nach
frischer Meeresluft! Und ich hörte auch etwas!
Ein leises Rauschen! Es kam direkt aus der Praline.
Als ich sie näher ans Ohr hielt, wusste ich, was es für ein
Geräusch war – es war der Lärm, den Wellen machen,
wenn sie an den Strand rollen.
Das war ein Schreck! Aufgeregt wickelte ich die Praline
auf. Wonach sie wohl schmeckte?
Doch es kam keine Schokolade zum Vorschein.
Stattdessen flog himmelblauer Glitzer heraus, der als
Wolke in die Luft aufstieg, über mein Bett schwebte
und dann verschwand.

Was war denn das? Verwundert und ein bisschen enttäuscht ging ich ins Bett. Ich hatte mich schon so auf
die Schokolade gefreut!
Doch als ich endlich einschlief, träumte ich von einer
Flaschenpost. Es war ein aufregender, wunderschöner
Traum. Wilde Piraten kamen darin vor, tanzende Seepferdchen und Meerjungfrauen. Am nächsten Morgen
wusste ich, was Tante Lulu mir geschenkt hatte.
Eine Schachtel voll bunter Träume.

Die Apfelblütenfee

Manchmal darf Lisa bei ihrer Oma übernachten.
Sie wohnt allein in einem kleinen Haus. „Omas Apfel-
haus" sagt Lisa dazu, denn es duftet hier so schön nach
Äpfeln.
Im Garten vor dem Haus steht ein großer alter Baum,
der jedes Jahr so viele Früchte trägt, dass Oma den
ganzen Herbst damit beschäftigt ist, diese zu pflücken
und einzukochen. Es gibt Apfelmus und Apfelkompott,
Apfelkrapfen und Apfelkuchen und natürlich Apfelringe.
In jedem Zimmer steht irgendwo eine Kiste mit Früchten,
die noch eingemacht werden müssen – dicke rotbackige
Äpfel, an denen manchmal noch ein Zweig mit grünen
Blättern hängt.
Abends ist es bei Oma besonders gemütlich. Sie steht
in der Küche, hat ihre grün gestreifte Schürze um,
schnippelt Äpfel und erzählt Lisa dabei Geschichten.
Zum Beispiel, wie sie selbst früher als Kind auf den
Baum geklettert ist und dort ein Vogelnest gefunden hat,
in dem ein goldenes Ei lag.
„Schau mal", sagt Oma, zieht eine Schublade auf und
holt daraus ein kleines, schweres goldenes Ei.

„Aber ich dachte, das hat Opa dir geschenkt", sagt Lisa
nachdenklich. Oma lächelt nur. Schade, dass Opa schon
vor vielen Jahren gestorben ist, sonst könnte Lisa ihn
jetzt selbst fragen. Während sie das goldene Ei über den
Tisch hin und her rollt, kocht Oma die Äpfel auf dem
Herd und fügt Vanille und Zimt hinzu. Wie gut das
duftet! „Erzähl mir noch mehr, Oma", sagt Lisa.
Und Oma erzählt, wie sie eine Schaukel an dem dicksten
Ast des Baumes befestigt haben und dann höher und
höher geschaukelt sind. Einmal sogar so hoch, dass ein
Stück Wolke an ihrer Schuhspitze hängen geblieben ist!
„Na, Oma, ob das wohl alles stimmt!", sagt Lisa lachend
und schaut zur Sicherheit kurz auf Omas Schuhe.
Keine Wolke in Sicht!

„Und wo ist das Stück Wolke geblieben?"

Oma schaut ernst. „Ich habe es eine kurze Zeit im Käfig gehalten, aber es schwebte die ganze Zeit an den Stäbchen entlang und suchte einen Spalt, durch den es passte. Da habe ich es vorsichtig herausgenommen und aus dem Fenster fliegen lassen."

Lisa läuft zu ihrer Oma und schmiegt ihr Gesicht an Omas runden Bauch. „Du erzählst wirklich die allerschönsten Geschichten!", sagt sie.

Oma drückt ihre Enkelin an sich. „Nun aber ab ins Bett mit dir", antwortet sie.

Wenn Lisa bei Oma übernachtet, dann schläft sie in einem kleinen Zimmer unterm Dach. Hier stehen nur das Bett mit der dicken geblümten Überdecke und ein alter knarrender Kleiderschrank. Überm Bett ist ein kleines, schräges Dachfenster, und wenn Sterne am Himmel stehen, sieht Lisa sie beim Einschlafen.

Als Lisa diesmal ins Bett geschlüpft ist, öffnet Oma eine Schublade im Schrank und holt ein kleines Holzkästchen in der Form eines Apfels heraus. Es ist rot, hat goldene Schnörkel und drei schimmernde Perlen auf der Oberseite. „Diese Spieluhr ist für dich", sagt Oma. „Du darfst sie morgen mit nach Hause nehmen. Ich besaß die Spieluhr schon als Kind! Wenn du sie öffnest, schwingt eine kleine Fee ihre Arme und Beine und dreht sich zur Musik. Aber sieh selbst!"

Mit diesen Worten steht Oma auf, geht aus der Tür hinaus und die Treppe hinunter zurück in die Küche.

Lisa nimmt die Spieluhr in die Hand. Sie ist gar nicht so schwer, wie sie dachte. Lisa schaut sie von allen Seiten an. Das Holz ist ganz glatt. An einigen Stellen ist die rote Farbe ab. Eine Perle fehlt, dort ist nur noch ein Loch. Lisa öffnet vorsichtig den kleinen goldenen Verschluss. Als sie den Deckel hebt, ertönt sofort eine zarte Melodie. Aber wo ist denn die Fee? Das Gehäuse im Apfel dreht sich, aber keine Fee tanzt darauf. Hat Oma sich die Geschichte mit der Fee etwa nur ausgedacht? Das wäre aber nicht nett. Lisa wird traurig und auch ein bisschen wütend auf Oma.

„Wieso hat Oma mir denn eine Fee versprochen, obwohl gar keine da ist?", murmelt sie enttäuscht.

„Hallo!", ruft da plötzlich ein zartes Stimmchen. Lisa schaut erschrocken hoch. Wer spricht da?

„Hallo, Lisa, ich bin's, die Apfelblütenfee!"

Tatsächlich! Eine winzige Fee mit zarten Flügelchen sitzt oben auf dem Kleiderschrank und baumelt mit den Beinen. Sie hat einen kleinen Zauberstab in der Hand. Lisa bleibt vor Schreck der Mund offen stehen.

„Ja, ja, ich weiß schon, was du denkst", sagt die Fee und streicht sich mit dem Zauberstab das Haar aus der Stirn. „Ich sollte doch eigentlich in der Spieluhr sein und tanzen!"

Lisa nickt.

„Aber als ich hörte, dass du die Spieluhr mit nach Hause nehmen darfst, da bin ich einfach geflüchtet! Ich möchte nämlich viel lieber hierbleiben!"

Lisa rückt ein bisschen näher. Die Fee hat winzige weiße Blüten im Haar. Sind das Apfelblüten?

„Warum willst du denn lieber hierbleiben?", fragt Lisa.

„Na, weil ich so gern auf den Zweigen des Apfelbaums sitze und an den Blüten schnuppere. Und im Sommer fliege ich mit den Hummeln um die Wette! Außerdem esse ich am liebsten diese kleinen roten Äpfel!"

Und sie zaubert einen roten Apfel aus ihrer Tasche heraus, beißt hinein und schmatzt laut.

„Wäre es in Ordnung, wenn ich hierbleibe?", fragt sie mit vollem Mund.

Lisa überlegt. Eigentlich würde sie sie gern mitnehmen. Schließlich könnte die Fee ihr zu Hause das Zaubern beibringen! Oder Fliegen!

Aber wenn sie es nicht möchte? Und die kleine Fee
hat ja auch wirklich Recht – in Omas Apfelhaus ist es
wirklich am schönsten!
„Ich kann dich gut verstehen!", sagt Lisa deshalb nach
einer Pause. „Bleib hier, wenn du möchtest!"
Die Fee fliegt los und landet in der Spieluhr.
„Eben hast du so traurig geguckt, als du die Spieluhr
geöffnet hast und ich nicht drinsaß. Deshalb habe ich
mich doch lieber gezeigt!", sagt die Fee.
„Zum Glück!", meint Lisa. „Ich lass die Spieluhr einfach
hier. Aber immer, wenn ich bei meiner Oma im Apfelhaus
bin, können wir ja ein bisschen zusammen spielen – was
hältst du davon?"
Die Fee nickt begeistert. Und dann stellt sie sich in die
Spieluhr und zeigt Lisa, wie schön sie zu der Musik
tanzen kann.

Herr Jansson

Kennst du Herrn Jansson? Herr Jansson ist Lenas Stoff-
hase. Herr Jansson hat das kuscheligste Fell auf der Welt.
Er hat lange, weiche Ohren, die hin und her schlackern.
Genau wie seine Arme und Beine! Wenn man Herrn Jansson an sich drückt, spürt man seinen runden, weichen
Bauch. Und er schaut so süß! Das meint jedenfalls Lena.
Lenas großer Bruder Florian sieht das ein bisschen
anders. „Herr Jansson ist ein Schrotthase", hat er einmal
gesagt. Das war gemein. Doch selbst Mama meinte eines
Abends: „Der Hase muss mal ersetzt werden!"
Ersetzt werden? Nur weil das Fell von Herrn Jansson ein
kleines bisschen abgerubbelt ist? Und weil Mama eines
seiner Beine neu annähen musste, weil es sonst beinahe
abgefallen wäre? Und weil das Ohr ein wenig blau
verfärbt ist, weil es aus Versehen in Lenas Farbtöpfchen
hing? Das sind doch alles keine Gründe, Herrn Jansson
nicht mehr zu mögen!
Herr Jansson schläft jedenfalls immer bei Lena im Bett.
Wenn Lena die Decke zurückschlägt, dann liegt Herr
Jansson schon auf Lenas Kissen und lächelt sie an.
„Mach mal Platz, Hase!", sagt Lena dann und Herr

Jansson rückt ein Stück zur Seite. Wenn das Licht aus ist, erzählt Herr Jansson Lena manchmal noch ein paar Geschichten. Von dem, was Hasen gern mögen: über die Felder laufen und Mohrrüben suchen. Höhlen graben und dort gemütlich mit anderen Hasen zusammensitzen. Oder in der Nacht heimlich aus der Höhle schauen und den Mond bewundern.

Manchmal erzählt auch Lena eine Geschichte: von dem, was sie am Nachmittag erlebt hat. Dass sie mit dem neuen Fahrrad herumgebraust ist und dass Mama ihr einen Korb fürs Fahrrad gekauft hat, der vorne am Lenker hängt. „Möchtest du mal mitfahren im Fahrradkorb?", fragt Lena Herrn Jansson.

Aber der schüttelt den Kopf. „Nee, nee, ich bleib lieber hier im kuscheligen Bett. Nachher fällt mir noch mein Bein ab, wenn ich mit dir durch die Gegend sause!"

Lena und Herr Jansson sind dicke Freunde, das siehst du an all dem, was ich dir über die zwei erzählt habe. Umso seltsamer ist das, was nun passiert: Eines Abends kommt Lenas Patentante Helene zu Besuch. Und was bringt sie mit? Viele Küsse für Lena und ihren Bruder und die Eltern. Und großen Appetit. Und ihre braune Tasche.

In der Tasche sind zwei Geschenke: ein gelb-roter Kranwagen für Lenas Bruder und ein Plüschpferd für Lena. Es ist größer als Herr Jansson und braun-weiß gefleckt. Lena hebt es hoch und lässt es durch die Luft galoppieren.

„Du bist ja ein richtiges Rennpferd!", ruft Lena begeistert.

„Bist du dir sicher?", fragt Tante Helene. „Ich dachte eigentlich, dass es ein Schlummerpferdchen ist! Vielleicht möchtest du es ja gegen den ollen Herrn Jansson eintauschen?"

„Nein, nein, nein!", ruft Lena. „Herr Jansson ist ein Schlummerhase, aber das hier ist ein Rennpferd!"

„Du kannst ja das Pferdchen heute bei dir im Bett schlafen lassen und Herr Jansson kann dafür auf dem Sessel

schlafen", meint Mama. „Herr Jansson überlässt dem
Pferdchen bestimmt gern mal seinen Platz!"
Lena ist sich da nicht so sicher. Aber bitte, wenn Mama
meint! Dann darf das Pferdchen eben heute Abend bei
ihr schlummern. Dieses eine Mal hat Herr Jansson sicher
nichts dagegen.
Doch als Lena endlich im Bett liegt, kann sie überhaupt
nicht einschlafen. Das Pferdchen schmiegt sich gar nicht
richtig in die Decke. Es strampelt sich immer wieder frei.
Außerdem sitzt Herr Jansson auf dem Sessel unter der
Wolldecke. Ganz allein. Und die Augen hat er auch noch
auf. Schnell holt Lena Herrn Jansson ins Bett.
„Komm her, mein kleiner Schlummerhase", sagt sie.
„Was für eine blöde Idee, dass du auf dem Sessel schlafen
sollst!"

Der Hase schmiegt sich an Lena an und gähnt.
„Erzähl doch mal was aus deiner Welt!", sagt er dann
zum Pferd.

Das Pferdchen wiehert vergnügt. „Also", sagt es, „ich
liebe es, draußen zu sein und in den Himmel zu schauen.
Ich galoppiere gern durch die Gegend. Und am liebsten
mag ich frisches Gras mit Gänseblümchen!"

Der Hase nickt und streckt sich. „Aber hier im Bett ist es
doch am allerschönsten, oder?"

Das Pferd schüttelt den Kopf. „Nein", sagt es. „Ich bin
schließlich ein Rennpferd! Ich möchte nicht schlafen,
sondern draußen was erleben!"

Lena lacht. „Das hab ich gewusst!", sagt sie. „Morgen
nehme ich dich im Fahrradkorb mit! Und dann düsen
wir zu der großen Wiese, auf der so viele Gänseblümchen
wachsen!"

„Oh ja", ruft das Pferdchen begeistert.

„Und, kommst du auch mit, mein kleiner Schlummerhase?", fragt Lena ihren Herrn Jansson. Aber der antwortet nicht – er ist zufrieden eingeschlafen.

Besuch in der Nacht

Tom und Luise wollen heute hinterm Haus im Garten übernachten. Ihr Zelt haben sie am frühen Abend aufgebaut. Ungeduldig warten die Geschwister im Haus darauf, dass es draußen endlich dunkel wird. Schließlich ist es in so einem Zelt dann erst richtig gemütlich! Endlich ist es so weit.

„Im Garten kann man die Bäume und Büsche kaum noch erkennen, so dunkel ist es!", ruft Luise, die gespannt am Fenster sitzt.

„Dann geht's jetzt los", sagt Tom.

„Gute Nacht, Mama! Gute Nacht, Papa!", rufen die Geschwister ihren Eltern aufgeregt zu.

„Habt ihr alles?", will Papa wissen.

Tom nickt – die Kanne mit dem Kakao ist dabei, der Apfelkuchen, die Taschenlampen, die Bettdecken und das Buch mit den Tiergeschichten.

„Soll ich euch tragen helfen?", fragt Papa.

Luise schüttelt den Kopf.

„Braucht ihr noch etwas?", fragt Mama besorgt.

„Nein!", schreien Luise und Tom zugleich. „Wir brauchen nichts mehr und wir machen das alles allein!"

Entschlossen öffnen sie die Haustür und laufen nach draußen in den dunklen Garten.

Mama und Papa stehen am Fenster und winken. Irgendwie sehen sie enttäuscht aus.

Mit ihren Taschenlampen tasten sich Luise und Tom Richtung Zelt. Das Gras ist feucht und kalt unter den nackten Füßen. Die Kinder haben schon ihre Pyjamas an, aber die Hausschuhe haben sie vergessen.

„Au", ruft Luise, „ich bin auf was Piksendes getreten!"

„Schnell ins Zelt", meint Tom. „Da kann uns nichts mehr passieren."

Er macht den Reißverschluss auf, wirft die Decken durch die Öffnung und schlüpft als Erster hinein. Luise dreht sich noch einmal um. Mama und Papa stehen nicht mehr am Fenster.

Wie gespenstisch der Garten im Dunkeln aussieht! Es weht ein leichter Wind, die Blätter rascheln und die Zweige der Tanne bewegen sich sacht auf und ab.

Was sitzt denn da unter der dunklen Tanne? Ein Tier? Luise leuchtet mit der Taschenlampe und sieht, dass es nur ein Stein ist.

„Komm schon!", ruft Tom ungeduldig aus dem Inneren des Zeltes.

„Ja", sagt Luise atemlos. „Schnell ins Zelt!"

Sie hopst wie ein Frosch durch die Öffnung und landet weich im Bettdeckennest. Hui, wie gemütlich das ist! Schnell schlüpft sie unter die Decke und Tom schließt das Zelt.

„Jetzt kommt hier keiner mehr rein!", sagt er und knipst die kleine gelbe Glühwürmchen-Lampe an. Dann wickelt er den Apfelkuchen aus und gießt den dampfenden Kakao in die Plastikbecher. Wie gut es duftet!

„Ist das schön", seufzt Luise und nippt an ihrem Kakao. Jetzt gruselt sie sich gar nicht mehr. Ihr schmerzender Fuß ist auch schon vergessen.

„Bist du bereit für eine spannende Piratengeschichte?", fragt Tom mit vollem Mund.

Luise nickt. Aber gerade als Tom das Buch aufschlägt, hören sie draußen vorm Zelt ein Rascheln. Läuft da nicht etwas durchs Gras?

Luise schlägt das Herz bis zum Hals. Aber Tom guckt gar nicht erschrocken, sondern begeistert.

„Vielleicht ist draußen ein kleines Eichhörnchen, das uns besuchen will!", vermutet er.

Sie horchen gespannt.

23

„Äh, wir sind's!", ruft eine vertraute Stimme.

Papa?

Tom macht den Reißverschluss auf.

„Oh, wie gut es aus dem Zelt nach Apfelkuchen und Kakao duftet!", seufzt Papa.

„Dürfen wir noch ein bisschen bei euch im Zelt sitzen und auch die Piratengeschichte hören?", fragt Mama.

Tom und Luise müssen lachen.

„Na gut", sagt Tom. „Aber nicht so lange."

„Und schlafen müsst ihr in eurem eigenen Bett!", fügt Luise streng hinzu.

„In Ordnung!" Mama und Papa nicken. Dann nehmen sie sich jeder ein Stück Apfelkuchen, schlüpfen zu Luise und Tom unter die Bettdecken und Tom beginnt vorzulesen …

Willy der Winzige

Jeden Sommer verbringen Marlene und Nick ihre Ferien bei ihrem Großvater am Meer. Opa war früher Kapitän. Von seinen Reisen in ferne Länder hat er allerlei mitgebracht: einen getrockneten stacheligen Kugelfisch, der über dem alten Ofen hängt. Riesige goldene Bernsteine, die die Fischer in ihren Netzen vom Meeresgrund geholt haben. Den Schwanz einer Klapperschlange. Und in einer alten Holzkiste ein paar grünblau schimmernde Schuppen, die von den Flossen einer Meerjungfrau stammen. Inzwischen fährt Opa leider nicht mehr zur See, aber Strandgut sammelt er immer noch gern. Jedes Mal, wenn Marlene und Nick zu Besuch kommen, stöbern sie als Erstes nach unbekannten Fundstücken. Doch diesmal entdecken sie nichts Neues.

„Im Winter habe ich vieles auf dem Dachboden verstaut", erklärt Opa. „Es wurde mir einfach zu eng in der Stube. Ihr könnt ja morgen mal hinaufsteigen und nachsehen, was alles hinzugekommen ist. Aber nehmt euch in Acht! Ich glaube, da oben haust ein Klabautermann!"

Marlene und Nick lachen. „Ach, Opa, du willst uns doch nur wieder reinlegen!", rufen sie.

Aber der Großvater macht ein ernstes Gesicht. „Nein, es stimmt wirklich. Da oben auf dem Dachboden muss ein Klabautermann sein. Ich höre ihn seit einigen Tagen poltern, habe ihn aber noch nicht gesehen."

Nick bleibt vor Staunen der Mund offen stehen.

Aber Marlene schüttelt den Kopf. „Ich glaub es nicht, ich glaub es nicht!"

Opa hat sie schon viel zu oft reingelegt.

Am nächsten Tag steigen die Kinder gleich nach dem Frühstück die Leiter zum Dachboden hoch. Marlene voran, Nick hinterher.

Ein Lichtstrahl fällt durch die Luke im Dach – Staub tanzt in der Luft. Und was bewegt sich dort im Schatten neben dem Fenster? Etwa ein Gespenst? Nick klopft das Herz bis zum Hals.

Zum Glück ist es nur ein altes Hemd, das im Wind flattert.

Marlene schleicht von einer Ecke des Dachbodens in die andere. „Huhu, Klabautermann, bist du hier?", flüstert sie mit Gespensterstimme. Nick muss lachen.

„Komm", sagt Marlene, „hier ist nichts. Wir schauen uns lieber mal an, was Opa alles gesammelt hat!"

Auf dem Boden liegen Taue und Netze. Eine Truhe steht geöffnet da – voll mit Seekarten und alten Büchern. Eines ist sogar aufgeschlagen. „Wie man ein schnelles Schiff baut" steht dort und darunter ist eine genaue Zeichnung abgebildet.

Hinter der Truhe, in einer dunklen Ecke liegen Holzstücke

und Nägel, ein Kompass ohne Zeiger, Muscheln, eine
Sonnenbrille, eine Gräte und ein getrockneter Krebs.
Von einem Klabautermann ist auch hier nichts zu sehen!
Doch was schaut da unter dem Zeitungspapier hervor?
Ein kleiner Hut mit einem Totenkopf drauf! Ein Piratenhut! Liegt da etwa ein Spielzeug? Nick hebt die Zeitung
hoch.
„Tatsächlich, ein Pirat!", ruft er begeistert. Der Pirat hat
eine große schlangenförmige Narbe auf der Wange.
Seine schwarze Jacke ist zerrissen. An einer Seite hängt
sie zerfetzt vom Körper, doch an der anderen Seite ist sie
noch ganz. Der Pirat drückt seinen kleinen Arm gegen
die Brust, so als wollte er etwas unter der Jacke verbergen.

Nick versucht den Arm zu bewegen, aber es geht nicht. „Wahrscheinlich ist die Figur eingerostet", vermutet Marlene. „Vielleicht kann Opa sie ja reparieren!"
Aber wo steckt Opa eigentlich? Er ist nicht im Haus und nicht im Garten. Der Großvater sitzt am Strand und schaut aufs Meer.
Als er das Männchen sieht, reibt er sich nachdenklich die Stirn. „Ich kann mich gar nicht erinnern, es gefunden zu haben", murmelt er.
„Hing es vielleicht in einem Stück Netz und du hast es übersehen?", fragt Marlene.
Der Großvater nimmt den Piraten in die Hand und betrachtet ihn genau. Als Nächstes rüttelt er am Arm des Piraten, aber der lässt sich noch immer nicht bewegen.
Da lächelt Opa und nickt. „Dieser Pirat erinnert mich an Willy den Winzigen. Die roten Haare und diese seltsame Narbe auf der Wange! Ich habe in einem alten Seefahrerbuch von ihm gelesen. Demnach soll Willy eine Schatzkarte besitzen, die zum schönsten Schatz führt, den es je gegeben hat. Er besteht aus Tausenden von Perlen, funkelnden Diamanten und riesigen Haifischzähnen."

Opas Augen leuchten, als er weiterspricht. „Es soll auch fünf Kisten mit Goldstücken geben und ein gläsernes Auge, das in die Zukunft schauen kann!

Jeder Seemann möchte die Schatzkarte besitzen. Aber Willy der Winzige hat sie nie rausgerückt! Sein Schiff war schneller als jedes andere und er konnte immer fliehen, wenn er bedroht wurde!"
Die Kinder lachen. Was Opa sich immer für Geschichten ausdenkt!
Dann laufen sie zum Ufer, um dort mit dem Piraten zu

spielen. Nick formt ein Schiff aus Sand und setzt die Figur hinein. „Volle Kraft voraus!", ruft er.

Marlene spielt den Kapitän eines anderen Schiffes. „Da ist ja Willy der Winzige!", ruft sie. „Los, Männer, wir versenken das Schiff und holen uns die Schatzkarte!"

Marlene nimmt eine Ladung nassen Sand und wirft sie auf das Schiff. „An die Kanonen!", ruft Nick und feuert eine Handvoll Sand zurück. Der Pirat fällt dabei um.

„Aufhören, aufhören!", ertönt da eine heisere Stimme. Es ist nicht Marlene, nicht Nick und auch nicht Opa, der da schreit. Es ist der Pirat. „Hammerhai und Borstenfisch – nun habt ihr mich doch entlarvt!", flucht er. „Hört endlich auf, mich zu bewerfen, ich bin ja schon voller Matsch! Außerdem habt ihr keine Ahnung, wie eine echte Seeschlacht abläuft!"

Er wirft seinen Kopf hin und her und schüttelt sich den Sand aus seinem zotteligen Haar.

Marlene fällt vor Schreck auf den Hintern und Nick vergisst vor Staunen zu atmen.

„Du … du … du bist also lebendig?", stammelt Marlene. „Na klar", ruft der Pirat. „Darf ich mich vorstellen? Ich bin Willy, der – ähem – Weise!"

„Ich denke, du bist Willy der Winzige?", fragt Marlene stirnrunzelnd.

Der Pirat wird rot. „Kann schon sein, dass einige Leute mich so nennen", antwortet er missmutig.

„Und eine Schatzkarte hast du auch?", fragt Nick.

Willy drückt seine Hand noch fester gegen die Brust.

„Nein, nein, das ist nicht wahr!", ruft er.

Aber Nick hat den kleinen Fetzen Papier schon entdeckt. Er schaut unter der Jacke heraus.

„Na gut, ihr habt Recht", sagt der Pirat zerknirscht. Und auf einmal hat er eine Idee. „Könnt ihr mir vielleicht helfen, ein Schiff zu bauen? Meines ist im Sturm gekentert! Aber ich brauche ein schnelles Schiff, um vor den Piraten fliehen zu können, die mir meine Karte stehlen wollen! Gegen sie kämpfen kann ich nämlich nicht – dazu bin ich viel zu klein", fügt er leise hinzu.

„Klar, wir helfen dir", sagen die Kinder. „Und Opa hilft dir bestimmt auch!"

Der Pirat schüttelt entsetzt den Kopf. „Wenn euer Großvater meine Schatzkarte sieht, wird er sie mir wegnehmen und sich selbst den Schatz schnappen! Schließlich ist er ein richtiger Seemann!"

Nick und Marlene schauen sich an. „Nein", meinen sie, „so gemein ist er nicht! Und ohne seine Hilfe schaffen wir es sowieso nicht, das Schiff zu bauen!"

Der Pirat verzieht das Gesicht, aber dann entschließt er sich, ihnen zu glauben. Es bleibt ihm auch gar nichts anderes übrig!

Als der Großvater alles angehört hat, sagt er zu dem kleinen Piraten: „Ich hab es gleich gewusst, dass du Willy der Winzige bist! Außerdem hast du einmal geblinzelt, als ich dich angesehen habe!"

Und dann beginnt Opa Holz, Nägel und Segeltuch für

ein Segelschiff zu holen, so als wäre es das Normalste von der Welt.

„Ich baue dir das schnellste Schiff aller Zeiten", verspricht er.

Den ganzen Tag sägt und hämmert er und die Kinder helfen ihm, so gut sie können. Willy sitzt dabei und erzählt, wie sogar zwei Seeungeheuer versucht haben, ihm die Karte zu seinem Schatz abzuluchsen. Aber Willy ist ihnen davongesegelt. Opa muss laut lachen. So laut hat er schon lange nicht mehr gelacht!

Zuletzt nimmt er ein Stück Blei aus seinem Angelkasten und baut daraus einen Anker. Marlene zerschneidet das Segeltuch und hängt drei große weiße Segel an die Masten. Nick malt eine Schlange auf den Bug – genau in der Form von Willys Narbe. Am Abend ist das Schiff fertig.

„Nun kann ich zu meinem Schatz segeln", sagt Willy glücklich. „Und wenn ich da bin, schicke ich euch ein paar Diamanten und Haifischzähne! Versprochen!"

Nick setzt das Boot aufs Meer. Der Wind fährt sogleich in die Segel und bläht sie auf. Wie ein Blitz saust der kleine Pirat im Mondschein davon.

„Vergiss die Haifischzähne nicht!", rufen Nick und Marlene ihm hinterher. Nur Opa sagt gar nichts. Schweigend schaut er dem Piraten noch lange nach. Er wäre so gern mitgefahren!

Maries Traummaschine

„Marie", tönt es
durch das Haus,
„wo bist du? Es ist Zeit
ins Bett zu gehen! Mariiiiie!"
Maries großer Bruder Sven
läuft von der Küche nach
oben, in Maries Spiel-
zimmer, aber Marie
ist nicht da. Sie ist in Papas
Werkstatt, draußen
vor dem Haus, und baut etwas.
„Ach, hier bist du!", ruft
Sven, als er sie in der Werkstatt entdeckt. Er ist ganz aus
der Puste.
„Hast du denn nicht gemerkt,
dass es schon dunkel ist, Marie?
Mama und Papa
haben doch gesagt,
dass du schlafen gehen sollst, wenn es dunkel wird –
auch, wenn sie heute Abend nicht da sind."

Marie schüttelt den Kopf. Jetzt ins Bett? Das geht auf gar keinen Fall, wirklich, überhaupt nicht!

„Ich baue doch gerade eine Traummaschine, Sven", sagt Marie. „Nur noch fünf Minuten, dann ist sie fertig." Marie macht ihr liebstes Gesicht, damit Sven sie noch weiterbauen lässt.

Aber Sven muss gar nicht lange überredet werden. Neugierig schaut er sich Maries Traummaschine an.

„Willst du wissen, wie sie funktioniert?", fragt Marie.

Sven nickt.

„Erst musst du aufmalen, wovon du träumen möchtest, am besten so, dass es niemand sieht. Den Zettel musst du hier oben in die Maschine stecken … dann an der Kurbel drehen!"

Sven unterbricht sie kopfschüttelnd: „So ein Unsinn! Das klappt doch nie! An Traummaschinen glauben wirklich nur kleine Mädchen."

„Ach, lass mich in Ruhe!", schimpft Marie. Sie ärgert sich, dass sie Sven die Traummaschine gezeigt hat. Er ist ein richtiger Spielverderber!

34

„In fünf Minuten bist du oben,
hörst du?", sagt Sven ungeduldig.
„Ich geh wieder ins Haus, muss noch
Hausaufgaben machen."
Als ihr großer Bruder fort ist, schaut sich Marie ihre
Maschine noch einmal ganz genau an. Wieso sollte sie
denn nicht funktionieren?
Sie nimmt sich einen Zettel und malt einen süßen kleinen
Engel darauf, mit einem Kleid aus Blütenblättern und
grünen Locken und zwei zarten Flügelchen. Als sie fertig
ist, steckt sie das Papier oben in die Traummaschine.
Vorsichtig greift sie die dicke Kurbel und dreht an ihr.
Fertig!
Marie öffnet die Tür des Schuppens und tritt hinaus in
die Dunkelheit. Draußen ist es still. Bei jedem Schritt
hört sie, wie das feuchte, kühle Gras leise unter ihren
nackten Füßen raschelt. Sie blickt hinauf zum Himmel.
Der Mond schaut nur ein kleines Stück hinter einer
Wolke hervor. Als sich ihre Augen an die Dunkelheit
gewöhnt haben und sie die Umgebung besser erkennt,
streckt Marie ihre Arme aus und dreht sich langsam im
Kreis. Die frische Nachtluft streicht über ihre Haut.
„Wenn ich bloß fliegen könnte, wie ein Engel!", seufzt
Marie. „Heute Nacht möchte ich von einem Engel
träumen …"
Ein warmes Glücksgefühl strömt ihr aus dem Bauch in
Arme und Kopf. Marie fühlt sich schon fast selbst, als
könnte sie fliegen. Sie bewegt ihre Arme auf und ab.

Dann denkt sie wieder an die Traummaschine. Bestimmt wird sie funktionieren. Bestimmt!

Überglücklich läuft Marie ins Haus und rast die Treppe hoch. So schnell ist sie noch nie ins Bett gesprungen! „Gute Nacht, Sven!", ruft sie.

Schlecht gelaunt grummelt Sven „Gute Nacht!" aus seinem Zimmer.

Vor Aufregung kann Marie kaum einschlafen. Sie hört ihr Herz schlagen. Ob sie heute Nacht wirklich von einem Engel träumen wird? Sie schließt die Augen, kuschelt sich tief in ihre warme Bettdecke und schläft schließlich doch ein.

In der Nacht erwacht Marie. Irgendetwas war da doch! Hat nicht jemand an ihrer Bettdecke gezupft? Ja, jetzt schon wieder! Marie blinzelt und versucht im dunklen Zimmer etwas zu erkennen. Ein schimmernder Mondstrahl fällt durch das offene Fenster auf den Boden. Wer sitzt denn da im Mondschein? Etwa ein Engel?

Marie reißt ihre Augen weit auf. Vor Schreck hält sie die Luft an.

„Hallo, Marie", sagt das kleine Wesen im Mondlicht. Es hat ein Kleid aus Blütenblättern an und grüne Locken und zwei zarte Flügelchen – genau wie der Engel auf Maries Zeichnung!

„Hallo", flüstert Marie. Ihr Mund bleibt offen stehen, so erstaunt ist sie.

„Ich bin ein bisschen spät, entschuldige!", sagt der Engel mit hoher Stimme. „Was wollen wir jetzt zusammen machen?"

„Ich, ich weiß es nicht", stammelt Marie leise. Sie ist ganz durcheinander.

„Wir haben nicht viel Zeit!", sagt der Engel ungeduldig. „Die Nacht ist fast vorbei. Möchtest du mit mir durchs Zimmer fliegen?" Marie reibt sich die Augen. Der Engel meint es wirklich ernst. Er ist aufgestanden, hat sich vom Boden abgestoßen und flattert im Zimmer umher. „Aber wie soll ich fliegen?", fragt Marie.

Das Engelchen lacht.

„Natürlich mit den Flügeln auf deinem Rücken!" Marie hält schon wieder die Luft an, so erschrocken ist sie. Schnell dreht sie ihren Kopf so weit nach hinten, wie es geht. Tatsächlich, aus ihrem Nachthemd schauen zwei Engelsflügel hervor! „Spring einfach vom Bett und fang an, mit den Flügeln zu schlagen!", sagt der Engel. „Und beeil dich, gleich wird es hell und dann klappt es nicht mehr." Marie schüttelt den Kopf. Sie ist zu verwundert, um sich bewegen zu können!

huhu!

„Schnell, Marie, sonst ist es zu spät!", ruft das Engelchen hastig und flattert immer aufgeregter hin und her.

Marie steht langsam auf. Sie federt mit den Füßen im Bett auf und ab und beginnt mit den Flügeln zu schlagen. Es ist gar nicht so schwierig! Dann springt sie los und hebt ab – gerade in dem Moment, als der erste Sonnenstrahl durchs Fenster fällt und die Nacht zu Ende ist.

Padautz! Marie fällt auf den Boden.

„Autsch!", ruft sie laut und reibt sich ihren Po.

Die Tür des Kinderzimmers geht auf. Sven steht da im Pyjama und mit wuscheligem Haar. Er reibt sich die Augen.

„Was ist denn hier los?", fragt er mit müder Stimme.

„Ich habe es poltern gehört!"

Marie schaut sich im Zimmer um. Der Engel ist verschwunden.

„Sven, habe ich auf dem Rücken zwei Flügel?", fragt Marie.

Sven muss lachen. Er schüttelt den Kopf. „Nein, hast du nicht. Hast du geträumt, du wärst eine Stubenfliege? Oder ein dicker Käfer oder eine Libelle?", fragt Sven.

Jetzt muss Marie lachen. „Nein, ich habe geträumt, ich wäre ein Engel!", sagt sie. „Ein Engel mit richtigen Flügeln auf dem Rücken! Mich hat nämlich eben ein Engelchen besucht, das mit mir durchs Zimmer fliegen wollte. Gerade war's noch da! Es sah genauso aus wie der Engel auf dem Bild, das ich in die Traummaschine gelegt habe!"

Aber dann fällt Marie ein, was Sven über ihre Traum-
maschine gesagt hat, und ihre Stirn verdunkelt sich.
„Du glaubst mir ja sowieso nicht", sagt sie und sieht auf
einmal ganz traurig aus.
Da schaut Sven seine kleine Schwester ganz lieb an.
„Doch, ich glaube dir", sagt er. „Deine Traummaschine
funktioniert bestimmt! Ich hatte gestern Abend nur
schlechte Laune. Lass mich noch mal auf deinen Rücken
schauen!"
Marie dreht sich herum.
„Jetzt sehe ich's doch, Marie!", ruft Sven. „Hier am
Rücken sieht man noch genau die Stellen, wo die zwei
Flügel waren!"
Marie schlägt das Herz bis zum Hals. „Siehst du! Der
Engel war nämlich wirklich da. Und nächste Nacht will
ich wieder von einem träumen!"
„Ja", sagt Sven, „und ich auch. Ich habe heute nämlich
nur von den grässlichen Hausaufgaben geträumt. Aber
morgen träumen wir beide von deinem Engel und fliegen
mit ihm zusammen los, ja?"
Marie nickt. „Wir fliegen zum Mond oder zum Südpol,
die Pinguine besuchen oder in die Wolken …"

Träum schön

Träum schön von rosa Giraffen,
die Seilspringen üben mit Tigern und Affen.

Träum schön von einem riesigen Schwein,
das hüpfen kann auf einem Bein.

Träum schön von einer glücklichen Kuh,
die verliebt ist in einen Marabu.

Träum schön von einem hungrigen Löwen,
der Pudding kocht mit zwei gierigen Möwen.

Träum schön von einem fliegenden Stier,
der zwitschern kann wie kein anderes Tier.

Träum schön von einer dicken Kröte,
die am liebsten tanzt zur Musik einer Flöte.

Träum schön von einer mutigen Maus,
die die Katze verjagt, raus aus dem Haus!

Träum schön von einer müden Libelle,
die einschlafen will und zwar jetzt, auf der Stelle!

Träum schön von einer schnarchenden Fliege,
die tief und fest schläft auf dem Ohr einer Ziege.

Träum schön …

Schlaf gut, kleine Fledermaus!

Jeden Abend, wenn Papa seine Tochter Fina aus dem Hort abholt, passiert das Gleiche: Fina will unbedingt noch mit ihrer Freundin Klärchen weiterspielen – am liebsten Friseur. Fina hat nämlich so schönes rotes Haar und Klärchen macht ihr so gern Frisuren! Während Klärchen Finas Haare zu Ende aufsteckt, holt Papa schon mal Finas Jacke. Und wenn seine Tochter dann immer noch nicht fertig ist, spricht er noch ein bisschen mit der Leiterin, Frau Vogelsang. Darüber vergisst er meist die Zeit. Irgendwann läuft Fina dann zur Tür und nörgelt: „Mensch, Papa, immer muss ich auf dich warten!" Dann läuft Papa hinter ihr her und versucht sie zu schnappen. Nur heute ist alles anders.

Papa öffnet die Tür und sieht keine Kinder mit neuen Frisuren, sondern springende, flatternde, tanzende Fledermäuse. Sie bewegen sich im Kreis und singen:

„Flitter, Flatter, Fledermaus,
flieg mit mir zur Haselmaus.
Denn sie feiert heut ein Fest
in ihrem Haselmausenest!"

Papa bleibt in der Tür stehen und staunt. Wo sind denn die ganzen Kinder geblieben? Und wo ist seine Fina?
Als der Tanz zu Ende ist, lassen sich die Fledermäuse auf den Boden fallen und breiten ihre Flügel über die Köpfe.
Frau Vogelsang klatscht in die Hände. „Das habt ihr aber schön gemacht!", ruft sie glücklich.
„Frau Vogelsang, haben Sie die Kinder vielleicht in Fledermäuse verwandelt?", fragt Papa.
Frau Vogelsang muss lachen. Bevor sie antworten kann, kommt eine Fledermaus mit rotem Haar angeflattert und tanzt um Papa herum.
„Hui, hui, ich bin eine Fledermaus!", ruft sie.
Papa schnappt sie und ruft: „Dich brat ich mir heute zum Abendbrot – hm, lecker, Fledermausbraten!"
„Nein, nein, nein!", quiekt die Fledermaus da und zieht sich die Pappmaske vom Gesicht. „Ich bin's doch, Fina!"

Auf dem Nachhauseweg erzählt sie, warum sich die Gruppe als Fledermäuse verkleidet hat: „Jede Gruppe im Hort hat jetzt einen Tiernamen. Außer den Fledermäusen gibt es noch die Pinguine und die Haselmäuse. Beim Herbstfest sollen alle drei Gruppen etwas aufführen! Wir machen den Fledermaustanz."

In dem Moment biegen Frau Kawuschke und ihr Pudel Gregor um die Ecke. Gregor fängt an zu bellen, als er Fina sieht. Sie hat zwar nicht mehr ihren Fledermausumhang um, aber noch die Maske auf.

„Gregor, das ist doch nur Fina", sagt Frau Kawuschke.

„Nein, ich bin eine Fledermaus!", ruft Fina und flattert mit den Armen als wären es Flügel. Gregor versteckt sich hinter Frau Kawuschke und Fina muss lachen. Papa zieht sie schnell weiter.

Den ganzen Abend behält Fina die Maske auf und flattert wie eine Fledermaus durchs Haus.

„Müssen Fledermäuse sich eigentlich auch die Zähne putzen?", fragt sie kurz vor dem Schlafengehen.

„Wenn sie vorher süße Gummitiere gegessen haben so wie du, dann ja!", sagt ihre Mama.

Fina schlüpft unter die Decke und zieht sie sich hoch bis zum Kinn.

„Willst du die Maske jetzt nicht abnehmen?", fragt Papa.

„Nein", meint Fina, „damit schlafe ich bestimmt gut ein!"

Aber das stimmt nicht. Fina kann einfach nicht einschlafen. Sie wälzt sich hin und her. Erst ist ihr zu warm.

Doch als sie die Decke ein Stück zurückschlägt, wird ihr gleich kalt. Irgendwie ist sie überhaupt nicht müde! Und dauernd muss sie an den Fledermaustanz denken. Wie ging er noch genau?

Als Fina Papa im Flur hört, ruft sie ihn. „Papa, ich bin noch überhaupt nicht müde!", sagt sie. „Ich weiß auch nicht, warum!"

Papa schaut seine kleine Fledermaus stirnrunzelnd an. Es reibt sich das Kinn und denkt nach. Plötzlich nickt er und sagt: „Ich weiß, woran es liegt!"

Er beugt sich zu Fina und flüstert: „Fledermäuse schlafen nachts nicht!"

Dann schnappt er sich ein Bein und einen Arm und hebt Fina in die Luft. Fina fängt an zu kichern. „Hilfe!"

„In der Nacht fliegen Fledermäuse herum und jagen Motten und Mücken und anderes Getier. Möchtest du das?", fragt Papa und wirbelt Fina hin und her.

Fina kreischt vor Lachen. „Nein, nein, nein!", ruft sie.

„Außerdem schlafen Fledermäuse meist an düsteren Plätzen. Möchtest du vielleicht lieber in einer dunklen, kalten Höhle schlafen als in deinem kuscheligen, warmen Bett?"

„Neeeeiiin!", ruft Fina lachend. „Lass mich runter,
Papa! Ich will lieber schlafen!"

„Na, gut", sagt Papa und setzt Fina wieder im Bett ab.
„Aber eines haben wir vergessen: Fledermäuse schlafen,
indem sie mit dem Kopf nach unten von der Decke
hängen! Möchtest du das versuchen?", fragt Papa und
schaut seine Tochter dabei ernst an.

Fina krabbelt, so schnell sie kann, unter die Decke.
„Nein, ich glaube, ich bin eine Fledermaus, die am
liebsten nachts im Bett schläft", sagt sie, nimmt die
Maske ab und stopft die Decke an den Seiten fest.

„Gut", sagt Papa. „Willst du das mit dem Einschlafen
jetzt noch einmal versuchen?"

„Ja", sagt Fina fest entschlossen. Und dann rollt sie sich
auf die Seite und schläft endlich ein.

Michi und die Marsmännchen

Am Morgen, als Michi in die Küche kommt,
steht seine Mutter da und knetet Plätzchenteig.
Anstatt gleich die Ärmel hochzukrempeln und
mitzumachen, lässt sich Michi auf die Küchenbank
fallen und seufzt laut.
„Michi, was ist mit dir?", fragt seine Mutter
verwundert.
Michi seufzt wieder. „Morgen zum Kinderfest sollen wir etwas mitbringen, was zum
Thema ‚Marsmännchen‘ passt, aber mir fällt
einfach nichts ein!", sagt er.
„Marsmännchen?", fragt seine Mutter
verdutzt.
Michi nickt. Und dann erzählt er von
seinem besten Freund Ben, der sich
selbst als Marsmännchen verkleiden
wird, und seinem zweitbesten Freund
Tim, der ein paar ganz tolle Bilder
von Marsmännchen gezeichnet hat.
Lisa von nebenan wird ein Bilderbuch
über Marsmonster mitbringen, und der

kleine Kurt kennt anscheinend die beste Marsmännchen-geschichte der Welt. Und die will er morgen auf dem Kinderfest erzählen.

Was bleibt da noch für Michi übrig?

Die Mutter schaut ihn ernst an, wischt sich die Teighände an der Schürze ab, stellt die Schüssel mit dem Teig auf den Tisch und setzt sich erst mal hin. „Warum hast du mir denn nicht vorher was davon erzählt?", fragt sie. „Dann hätten wir uns in Ruhe gemeinsam etwas überlegen können!"

Michi schüttelt unzufrieden den Kopf und schnappt sich ein Stück Plätzchenteig, das er wütend knetet.

„Ich wollte mir eben mal ganz allein was Tolles überlegen", sagt er. „Aber die Marsmännchen, die ich gezeichnet habe, sehen einfach nicht lustig aus. Und dann wollte ich mir ein Marsmännchenlied ausdenken, aber es ist mir keines eingefallen." Während er spricht, rollt er den Teig zwischen den Fingern, drückt ihn an einigen Stellen platt und zieht andere Stücke lang. Die Mutter sieht ihm zu und lächelt.

„Jetzt weiß ich wenigstens, warum du gestern den gan-zen Tag so laut gesungen hast", meint sie. „So richtig gut klang das wirklich nicht!"

Michi schüttelt den Kopf, nimmt ein neues Stück Teig, rollt es wütend zwischen seinen Handflächen zu einer Kugel und drückt missmutig ein paar Löcher hinein. Dann zieht er zwei Stücke lang und rollt ein anderes Stück zu einer Wurst.

„Es macht mir auch nicht gerade Mut, wenn du das

sagst", schimpft er. „Wie soll es denn so bis morgen mit meinem Marsmännchen klappen?"

Seine Mutter lächelt. Sie schaut auf den Tisch und nickt Michi aufmunternd zu. Was macht ihr bloß so gute Laune? Michi versteht nicht, was seine Mutter meint. Auf dem Tisch liegt doch nur der Plätzchenteig, den Michi zu langen und kurzen Würsten, Platten und Kugeln geformt hat.

Schließlich nimmt seine Mutter ein Stück von dem platt gedrückten Teig, legt zwei Teigwürste als Arme dran und die Kugel mit den zwei Löchern als Kopf. Dann setzt sie Michis lang gezogene Teigstücke als Beine dran. Schließlich steckt sie zwei Teigwürstchen als Antennen auf den Kopf.

„Siehst du, Michi, da hast du doch schon dein …"

„… MARSMÄNNCHEN!", schreit Michi begeistert.

„Genau", sagt die Mutter.

Michi nimmt den Kugelkopf und formt ein Rechteck daraus.

„Mit dem Roboterkopf gefällt es mir noch besser", sagt er.

Dann formte er noch weitere Männchen: eines mit drei
Armen, eines mit zwei Köpfen, eines mit Rakete und
eines, das auf einem Ufo sitzt. Außerdem eine Marsgiraffe.
„Die anderen werden staunen!", sagt Michi und lächelt
stolz. „Jetzt müssen wir die Männchen nur noch backen",
ruft er aufgeregt.
Die Mutter nickt und schüttet schon mal neue Zutaten
in die Rührschüssel.
„Wir sollten noch ein paar mehr
   Marsmännchen
    backen,
     schließlich
       wollen bestimmt alle Kinder
  eins haben!", sagt sie.
   Michi springt auf. „Und ich hole einen Karton
und baue daraus ein Ufo, mit dem wir die Mars-
     männchen morgen zum Kinderfest
     transportieren!", ruft er begeistert.
     Jetzt kann er es kaum noch
     erwarten, bis das Fest
     endlich losgeht.

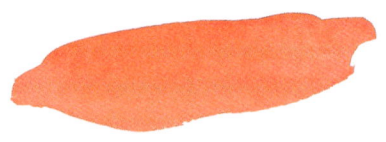

In der Nacht

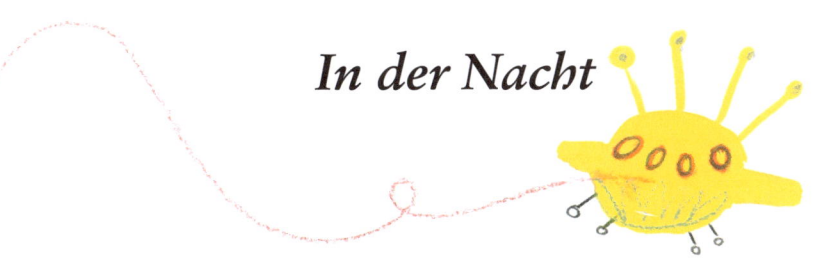

In der Nacht träumt Michi von seinen Marsmännchen.
Sie sind mit einem leuchtend gelben Ufo im Garten
gelandet und klopfen nun leise an sein Fenster und
winken ihm.
Vom Geräusch wacht Michi auf. Da sieht er, wer dort
wirklich klopft: der Baum! Seine Zweige werden vom
Wind gegen das Fenster geweht. Hinter dem Baum, hoch
oben am Himmel, leuchtet der Mond so gelb wie das
Ufo in Michis Träumen. Doch dann schiebt der Wind
eine dicke Wolke vor die leuchtende Kugel und alles
wird dunkel.
„Gute Nacht, ihr kleinen Marsmännchen", murmelt
Michi, dreht sich in seinem Bett um und schläft wieder
ein.

Das Schäfchen Max

Jedes Frühjahr wählt das älteste Schlummerschaf
diejenigen Lämmer aus, die als Schlummerschäfchen
bei den Kindern durch die Träume springen sollen.
Aber nicht jedes Schaf ist geeignet!
Schlummerschafe müssen besonders sanft sein.
Sie sollten gleichmäßig traben und in einem schönen
Bogen springen können.
Sie dürfen nicht zwischendurch stehen bleiben, um
vom saftigen Gras der Schlummerwiese zu fressen.
Sie dürfen nicht zu schnell laufen … und natürlich
nicht zu langsam! Sie sollten nicht stolpern und auf
keinen Fall dürfen sie zwischendurch einschlafen.
Das Lämmchen Max möchte unbedingt ein Schlummer-
schaf werden. Seit es „Mäh" sagen kann, hat es davon
geträumt, in sanften Sprüngen durch die Träume der
Kinder zu springen.

Aber Max ist wild! Er boxt sich gern mit den anderen Schäfchen, drängelt, wenn es zu langsam geht, und macht auch mal einen Salto beim Springen (der nicht immer gelingt).

„Nein", sagt das alte Schlummerschaf zu Max. „Du bist zu wild, um ein Schlummerschäfchen zu werden! Du machst die Kinder nicht schlummerig, sondern weckst sie mit deinen Bocksprüngen auf! Außerdem meckerst du zu oft und bist viel zu unruhig."
Traurig trottet Max zu seinem Schlafplatz und vergräbt sein Näschen im Stroh.
Als es dunkel wird, sieht er, wie sich die Schlummer-schäfchen in Reih und Glied aufstellen. Und er will mitgehen. Unbedingt! Da fasst Max einen Entschluss: Heimlich schleicht er rüber zu den Schlummerschäfchen und reiht sich ganz hinten bei ihnen ein.

Niemand merkt etwas.

„Hört zu, Lämmchen, heute Nacht geht ihr als Erstes zu dem bockigen Ben!", hört er gerade das alte Schlummerschaf sagen. „Bei ihm müsst ihr ganz besonders sanft springen, denn er will fast nie einschlafen und macht seinen Eltern eine Menge Ärger!"

Die kleinen Lämmer machen große Augen, nicken dann aber und traben los Richtung Schlummerwiese. Max läuft hinterher und niemand bemerkt ihn. Dann springt ein Schäfchen nach dem anderen in Bens Träume. Hepp! Hepp! Hepp!

Der kleine Ben liegt derweil im Bett und ruft nach seiner Mutter. „Mama, ich bin überhaupt nicht müde!"

Die Mutter schaut in sein Schlafzimmer. „Dann zähl doch einfach ein paar Schäfchen", sagt sie. „Siehst du? Sie warten schon auf dich … So kommt die Müdigkeit von ganz allein!"

54

„Aber ich habe keine Lust", sagt Ben mit quengeliger Stimme.

Die Schäfchen sind verunsichert, aber sie machen sich bereit und versuchen eins nach dem anderen in möglichst schönen runden Bögen zu springen. Doch Ben will nicht hinsehen. Er nimmt seinen Plüschwolf und wedelt mit ihm in der Luft herum, sodass die Schäfchen sich erschrecken und in alle Richtungen davonrennen. Ängstlich springen sie zurück zur Schlummerwiese. Nur Max bleibt zurück. Mit einem Satz springt er auf Bens Bettdecke.

„Was ist mit dir los?", fragt Max.

„Ich habe einfach keine Lust mehr, Schäfchen zu zählen", sagt Ben. „Das ist doch langweilig! Immer springen sie nur eins wie das andere, alle sind gleich! Dabei kann doch niemand einschlafen!"

Max denkt nach. Dann fragt er: „Soll ich dir mal ein paar Kunststückchen vorführen?"

Jetzt lächelt Ben. Er setzt sich im Bett auf und strahlt. „Ja!", sagt er.

Also nimmt Max Anlauf und macht einen doppelten Salto. Dann springt er rückwärts und streckt dabei alle viere von sich.

Ben fängt an zu glucksen.

Als Nächstes zeigt Max, dass er wie ein Känguru springen kann. Und dann wie ein Grashüpfer!

Ben kugelt sich vor Lachen. Dann streckt er sich und kuschelt sich tief in seine Bettdecke ein.

„Super!", sagt Ben und gähnt. „Morgen versuche ich auch mal wie ein Känguru zu springen. Aber jetzt bin ich müde und möchte lieber schlafen. Kommst du morgen wieder, du tolles Schaf?", fragt er.

„Das weiß ich noch nicht", murmelt Max. Ihm ist gerade eingefallen, dass er bei seiner Rückkehr vermutlich vom ältesten Schlummerschaf ausgemeckert werden wird. Vielleicht wird er nie wieder kommen dürfen?

„Mach's gut!", sagt er zu Ben, aber der ist schon eingeschlafen.

Max nimmt seinen ganzen Mut zusammen und springt zurück auf die Schlummerwiese.

Dort wartet schon das alte Schlummerschaf mit den anderen Lämmern auf ihn. „Es tut mir leid, dass ich einfach mitgesprungen bin, obwohl es nicht erlaubt war!", murmelt Max geknickt.

Das alte Schlummerschaf schaut ihn durchdringend an. „Vielleicht hätte ich dir mehr vertrauen sollen", sagt es dann. „In Zukunft wirst du bei all den Kindern mit dabei sein, die wild sind und manchmal bockig – so wie du."

Max nickt glücklich. Dann trabt er mit den anderen Lämmern zurück auf die Schlummerwiese. Das nächste Kind wartet sicher schon auf ihn!

Das Warzenschwein

Ich kannte mal ein Warzenschwein,
das träumte davon, schön zu sein.

Es wünschte sich lockiges Haar,
goldene Schuhe, gleich zwei Paar,
und feine Haut und lange Wimpern
und – heimlich – einen zarten Hintern.

Ludmilla wollte es heißen
oder auch Rosmarie.
Tatsächlich hieß es Speckschwarte.
Wer will so heißen – niemand! Nie!

Speckschwarte traf den Eber.
Ach, was war das für'n Mann …
… mit Warzen, dicken schwarzen,
und harten Borsten – alles dran!

Der Eber lud Speckschwarte ein
und lächelte – und wie!
„Wie heißt du denn, mein schönes Schwein?"

„Ich? Ich heiß Rosmarie!"

Der Traum war aus – das ging recht fix,
sie trafen eine Sau.
Der Eber grunzte stolz wie nix:
„Die Sau? Ist meine Frau!"

Speckschwarte war alleine.
Die Sonne schien so heiß.
Sie streckte ihre Beine.
Sie waren dick und weiß.
„Was soll's, ich muss nicht schön sein
für einen Eber-Mann,
ich will kein armes Schwein sein.
Ich weiß ja, was ich kann!"

Speckschwarte wurde fröhlich
und sang ihr Schweinelied:
„Die Welt ist schön, die Sonne scheint,
ich hab euch alle lieb!"

Da kam ein dürrer Vogel
und sah Speckschwarte an.
„Wie schön du bist und grunzen kannst,
an dir ist alles dran!"

Sie sangen dann gemeinsam
die Schweinemelodie
und waren nicht mehr einsam,
nie wieder, niemals, nie.

Schon wieder aufräumen!

Als Mama diesen Abend in Sarahs Zimmer schaut,
schlägt sie die Hände zusammen.
„Ach herrje, wie sieht es denn hier aus? Es liegt ja alles
durcheinander! Die Spielkiste ist ausgeschüttet, das Puppen-
haus leer geräumt und die Burg und die Teddys und …"
„Jaaaa, Mama", unterbricht Sarah ihre Mutter, „ich
räum das ja vorm Schlafengehen noch auf!"
Sarahs Mama setzt ein strenges Gesicht auf. „Dann
musst du aber jetzt gleich damit anfangen. Es ist nämlich
schon spät!"
Sarah nickt. Stimmt!, denkt sie. Draußen ist es schon
dunkel! Das hat sie beim Spielen gar nicht gemerkt.
Als Erstes setzt sich Sarah zu ihrer Puppe Finchen.
„Hallo, Sarah, da bist du ja wieder. Wollen wir jetzt
weiter Schule spielen?", fragt Finchen.
Sarah schüttelt den Kopf. „Ich muss aufräumen",
sagt sie.
„Aber du hast mir doch versprochen, dass ich auch mal
die Lehrerin sein darf", sagt Finchen.
„Na gut", sagt Sarah. „Aber nur ganz schnell, in Ordnung?"

Sie stellt die Puppe vor die kleine Tafel und Finchen fängt an, zu erklären, wie man am besten einen Hund zeichnet.

Sarah räumt nebenbei schon mal die kleinen Ritter in die Spielkiste.

„Aber Burgfräulein Sarah, was soll denn das?", rufen die Ritter. „Wir dachten, auf der Burg wird es gleich ein großes Fest geben! Du hattest doch gesagt, du deckst den kleinen Tisch, und dann gibt es Musik und Tanz für uns alle!"

Sarah seufzt. „Ihr gebt ja doch keine Ruhe, bevor das Fest nicht stattfindet!"

Sie legt die kleinen feinen Tellerchen auf den Tisch, stellt ein paar Gläser und Krüge hinzu und faltet die winzigen Servietten.

„Nehmt Platz!", sagt Sarah. „Und ich werde euch ein Lied singen, damit ihr dazu tanzen könnt."

Gerade will Sarah beginnen, da schaut die Mutter zur Tür herein. „Sarah, du spielst ja immer noch!" Dann lächelt sie. „Was ist denn los? Hast du heute etwa gar keine Lust zum Aufräumen?"

Sarah schüttelt den Kopf. „Außerdem lassen mich die Spielsachen ja nicht. Immer wollen sie noch was von mir. Erst möchten sie Schule spielen und dann soll ich ein großes Burgfest veranstalten ..."

Jetzt legt die Mutter den Kopf schief, zieht die Augenbrauen hoch und schaut so, als würde Sarah flunkern.

„Sarah, liegt es wirklich daran, dass die Spielsachen

mit dir sprechen, oder hast
du vielleicht einfach keine
Lust?", fragt die Mutter.

„Sie sprechen mit mir!", antwortet Sarah
schnell.

„Na ja, wie auch immer", sagt die Mutter.

„Ich komme gleich und helfe dir ein bisschen.
In der Zwischenzeit kannst du dir ja schon mal die
Zähne putzen."

Als ihre Mama draußen ist, kniet sich Sarah vor die
Figuren und sagt: „Ihr müsst mir helfen! Bitte sprecht
doch auch mal mit meiner Mutter, sonst glaubt sie mir
nicht!"

Die Figuren schütteln die Köpfe. „Erwachsene sind
immer so durcheinander, wenn wir mit ihnen sprechen.
Manchmal nehmen sie uns dann an den Füßen hoch und
schütteln uns über Kopf, um zu sehen, ob wir wirklich
lebendig sind. Das ist nicht gerade schön", sagt ein
Ritter.

„Meine Mutter macht so etwas nicht. Bitte helft mir!",
fleht Sarah, und dann hört sie auch schon ihre Mutter

die Treppe hochkommen. Schnell schlüpft Sarah ins Badezimmer, um sich die Zähne zu putzen.

Sarahs Mama seufzt und setzt sich erst mal auf den Teppichboden neben die Ritter und neben Finchen. Vor Schreck sind die Figuren wie zu Stein erstarrt.

„Herrje!", murmelt die Mutter und schaut auf die Ritter. „Was mache ich denn nun mit euch allen, ihr sitzt ja gerade so schön da!"

„Genau!", antwortet da ein mutiger Ritter. „Wir haben überhaupt keine Lust, in der ollen Spielkiste zu verschwinden. Können wir nicht lieber noch ein bisschen zusammen feiern?"

Der Mutter bleibt vor Verwunderung der Mund offen stehen.

Erst recht, als plötzlich alle Ritter von ihren Plätzen aufstehen und laut rufen: „Wir wollen feiern, feiern, feiern!"

Sarahs Mutter muss lachen. Wie lustig die kleinen Gesellen aussehen, wie sie da auf dem Teppich stehen – kaum größer als Spatzen.

„Soll ich euch für euer Fest vielleicht ein bisschen was zu essen hinstellen?", fragt sie die Ritter.

„Wir wollen auch was!", rufen Finchen und die Teddys zugleich.

Sarahs Mutter sieht sich um. Jetzt versteht sie, was Sarah gemeint hat. Das ganze Spielzimmer ist ja lebendig!

„Na gut, ich mache ein paar leckere Brote für alle", sagt sie und steht auf.

Im Flur trifft sie Sarah, die gerade aus dem Bad kommt.
„Was hast du vor, Mama?", fragt Sarah, die sich wundert, dass ihre Mutter plötzlich so gut gelaunt ist.
„Wir feiern ein Fest", sagt die Mutter. „Die Spielsachen sind hungrig!"
Diesmal bleibt Sarah der Mund offen stehen.
Aber dann läuft sie schnell hinter der Mutter her, um alles vorzubereiten: Brote mit Marmelade und Limonade für Finchen, die Ritter und die drei Teddys.

Wer raschelt denn da?

Lotti und ihre Mutter warten am Morgen an der Bushaltestelle auf den Schulbus.
Ein eisiger Wind reißt die letzten Herbstblätter von den Bäumen. Lotti reibt ihre Hände aneinander. Wie kalt es schon ist! Bestimmt dauert es nicht mehr lange, bis es anfängt zu frieren und zu schneien.
„Hoffentlich kommt der Bus bald!" Lotti bibbert.
Sie beugt sich zum Boden, um ein besonders schönes Herbstblatt aufzuheben. Da raschelt es im Laub.
„Was war denn das?"
Lotti schiebt die Blätter beiseite
und erschrickt. Auf dem Boden
sitzt, vor Kälte zitternd,
ein klitzekleiner Igel.
Lottis Mama schaut
besorgt. „Ui, der ist aber noch
sehr klein und sehr dünn.
Und er ist ganz allein!
Vielleicht ist die Igel-
mutter überfahren
worden?

Der Kleine schafft es bestimmt nicht, sich jetzt noch genug Gewicht anzufressen, um den kalten Winter zu überleben. Ich glaube, er braucht unsere Hilfe!"

Lotti nickt begeistert. „Wollen wir mit ihm zum Tierarzt fahren? Der kann uns bestimmt sagen, was wir mit dem Igelchen machen sollen!"

Vorsichtig nimmt sie den Igel hoch und setzt ihn sich auf die Hand. Er rollt sich nicht mal ein, sondern schnuppert neugierig an den Fingern.

Lottis Mutter lächelt. „Nein, Lotti, du musst in die Schule! Aber ich bringe ihn zum Tierarzt. Es würde mich nicht wundern, wenn er sagt, dass wir den Igel den Winter über behalten sollen!"

Jetzt wünscht sich Lotti, dass der Bus noch lange nicht kommt, damit sie noch mehr Zeit mit dem Igel verbringen kann – da biegt der Bus schon um die Ecke und hält.

Lotti schiebt sich mit ihrem dicken Ranzen durch die Tür. „Tschüss, Igelchen!", ruft sie und winkt.

„Der Igel darf umsonst mitfahren", sagt der Busfahrer lachend.

„Schön wär's", sagt Lotti und schaut sehnsüchtig aus dem Fenster zu ihrer Mutter, die den Igel mit ihrem Schal umwickelt auf dem Arm hält. Hoffentlich können sie das Igelkind behalten!

Auf dem Weg zum Schulgebäude überlegt Lotti, wie sie den kleinen Igel nennen soll. „Herr Igel? Oder Igor? Oder Fred?" Sie kann es kaum erwarten, den anderen zu erzählen, was passiert ist! Die werden staunen!

„Ich habe ein neues Haustier!", ruft Lotti über den Pausenhof ihrer besten Freundin Eva zu, so laut, dass auch die anderen sie hören können. „Rate mal, was es ist! Es hat einen Rüssel, ist aber kein Elefant. Es hat braune Knopfaugen, ist aber keine Maus. Es brummt manchmal seltsam, ist aber kein Bär. Es ist am liebsten nachts unterwegs, ist aber keine Fledermaus."

„Was ist es denn?", fragt Eva neugierig.

„Wenn ich dir sage, dass es auch noch Stacheln hat, weißt du es bestimmt!"

„Klar", ruft Eva. „Du hast einen Igel!"

Ein paar Jungs aus der Klasse lachen laut. „Ein Igel? Das ist doch nun wirklich kein tolles Haustier!"

„Ich habe einen Hund!", sagt ein Junge. „Und der hört immer auf seinen Namen. Kann das dein Igel auch?"

„Ich habe eine Katze!", sagt ein anderer. „Und die fängt Mäuse und legt sie mir als Geschenke auf die Fußmatte! Macht das dein Igel auch?"

„Und ich habe einen Wellensittich", sagt ein Dritter, „und der kann sogar meinen Namen sagen. Kann das dein Igel auch?"

Lotti schüttelt den Kopf. Nein, wahrscheinlich kann ihr Igelchen nichts von all diesen Dingen. Aber das macht doch nichts! Lotti zieht eine Fratze, hakt Eva unter und marschiert mit ihr ab, um ihr alles über den Igel zu erzählen.

Nach der Schule stürmt Lotti in die Wohnung.

„Ist der Igel noch da?", schreit sie.

Die Mutter nickt. „Der Igel ist kerngesund, hat der Tierarzt gesagt. Und es gibt noch eine gute Nachricht: Wir müssen ihn den Winter über behalten, Lotti. Er braucht deine Hilfe. Er würde diesen Winter verhungern, wenn er draußen überleben müsste. Erst muss er groß und dick werden. Dann kann er im nächsten Jahr wie die anderen Igel auch draußen Winterschlaf halten."
Lottis Herz hüpft vor Freude auf und ab. Sie wollte schon immer ein Haustier haben!
Wo steckt denn das Igelchen?
Lottis Mutter hat ein Stück von der Küche für ihn abgetrennt. Auf dem Boden liegen Zeitungen und zusammengeknülltes Papier und ein paar Papiertüten, in denen sich der Igel vergraben kann.
„Hallo, Fred!", ruft Lotti. Aber der Igel rührt sich nicht. Er erkennt sie ja noch nicht mal! Besonders stark hängt Fred wohl nicht an ihr.
„Pst", macht Lottis Mama. „Fred schläft tagsüber! Erst heute Nacht wird er wieder aktiv."
Lotti verzieht ihr Gesicht. Viel los ist wirklich nicht mit Fred. Vielleicht haben die anderen Recht? Es gibt wirklich spannendere Haustiere.
Lotti lässt den Igel schlafen und verbringt den Rest des Tages draußen im Garten. Ob hier noch ein anderes armes Tierkind unterwegs ist, das Hilfe braucht?
Am Abend erzählt Lotti ihrer Mutter von den Jungs in der Schule: „Sie haben gesagt, dass ein Igel überhaupt nichts kann", sagt Lotti geknickt.

„Ach, weißt du was?", sagt die Mutter. „Die sind doch nur neidisch. Hunde, Katzen oder Wellensittiche sind ganz normale Haustiere. Aber wer hat schon einen Igel? Und dass der kleine Fred nicht zahm wird, liegt daran, dass er ein wildes Tier ist. Es ist auch viel besser so, denn im Frühling soll er ja wieder draußen leben und gut allein zurechtkommen."

Lotti lächelt und nickt. „Aber erst mal bleibt Fred den ganzen Winter bei uns, ist das nicht schön?"

Dann schlüpft sie ins Bett, zieht sich die Decke bis unters Kinn, dreht sich gemütlich auf die Seite und schläft ein.

Mitten in der Nacht schlägt Lotti die Augen auf. Da war doch ein Geräusch? Ein komisches Grunzen oder Schnorcheln? Sie horcht angestrengt und da hört sie es wieder – ganz dicht an ihrem Ohr ist ein Schnüffeln zu hören! Vorsichtig dreht sich Lotti um. Das gibt's doch nicht! Fred sitzt auf ihrem Kissen und sieht sie erstaunt an. Mit seiner kleinen Rüsselnase schnuppert er am Kissen.

Lotti muss lachen. „Was machst du denn hier, kleiner Igel? Bist du ausgebüxst?"

Sie setzt sich auf und schaut ihn an. Wie niedlich er aussieht!

Ich glaube, Fred mag mich, denkt Lotti. Sonst würde er mich ja hier nicht nachts besuchen kommen!

Sie nimmt ihn vorsichtig in die Hand und trägt ihn in die Küche. Dort sieht sie, wieso Fred ausbüxsen konnte: Eine der Kartonwände ist umgekippt!

Lotti setzt Fred auf den Küchenboden in sein Zeitungspapiernest und stellt die Wand wieder auf. „Bis morgen Früh, kleiner Fred", sagt Lotti und schaut ihm zu, wie er sich in den Zeitungen vergräbt. Dann geht sie leise zurück in ihr Zimmer.

Aus dem Bett lauscht sie gespannt in Richtung Küche. Dort hört sie Fred im Papier rascheln.

„Gute Nacht, kleiner Igel!", flüstert Lotti. Dann schläft sie ein.

Die Schatzsuche

Jonas sitzt im Garten auf der Schaukel. Seit Tagen schon brennt die Sonne heiß vom Himmel. Der Rasen ist gelbbraun statt grün und sieht vertrocknet aus. Die Blumen lassen geknickt die Köpfe hängen. Genau wie Jonas. Er hat Langeweile. Die meisten seiner Freunde sind in den Urlaub gefahren. Nur er nicht. Wie gemein das ist! Mit einem Stock zeichnet Jonas Linien in den trockenen Sand. Sieht aus wie eine Schatzkarte, denkt er. Eine echte Piraten-Schatzsuche! Das wär's jetzt!

Im selben Moment klingelt es an der Haustür. Und wie! Irgendwer klingelt Sturm.

„Schaust du mal, wer es ist?", ruft Jonas' Mutter aus der Küche. Jonas springt von der Schaukel, hechtet in großen Sätzen über den trockenen Rasen und über die Terrasse ins Haus.

Im Flur ist es angenehm kühl. Er stellt sich auf die Zehenspitzen und späht durch das Guckloch in der Haustür. Jonas traut seinen Augen nicht!

Vor der Tür steht ein Mann, der ein rotes Tuch um den Kopf gebunden hat, vorn drauf ist ein Totenkopf gemalt. Über einem Auge trägt er eine grün gestreifte

Augenklappe, mit dem anderen starrt der Mann
Jonas geradewegs an. Er hat einen Stoppelbart, eine
gefährlich aussehende rot leuchtende Narbe auf der
Wange, und er trägt einen dicken goldenen Ohrring.
Keine Frage – vor der Tür steht ein Pirat!
Jonas zwinkert zweimal, wischt sich über die Augen und
sieht noch einmal durch die Linse. Vielleicht hat er sich
ja eben verguckt? Aber der Pirat sieht noch genauso aus
wie vorher. „Mama!", schreit Jonas, „vor der Tür steht
ein Pirat mit grün gestreifter Augenklappe!"
Jonas' Mutter kommt angelaufen. „Lass mich mal
gucken!", ruft sie.
Mama schaut sich den Piraten genau an. Und dann
merkt sie, dass ihr etwas an ihm bekannt vorkommt …
das Auge, das Auge ohne Augenklappe ist es! Solche
lustigen Augen hat doch nur Onkel Harry!
Gerade als der Pirat zum zweiten Mal Sturm klingeln
will, reißt Mama die Tür auf.

„Harry", ruft sie, „wie siehst du denn aus?"
„Ich bin nicht Harry, sondern Pit, der Pirat."
Jetzt muss Jonas lachen. Onkel Harry spricht mit
verstellter Stimme, ganz dunkel und grollend.
„Ich habe gehört, dass es hier einen Jungen gibt,
der mit mir auf meinem Piratenschiff in See stechen will,
um einen verborgenen Schatz
zu suchen. Der Junge heißt
Jonas."
„Ja, das bin ich", flüstert Jonas.
Wie konnte sein Wunsch denn
so schnell in Erfüllung gehen?
Ob Onkel Harry Gedanken lesen
kann?
„Kannst du denn beweisen, dass du
wirklich Jonas, der Pirat, bist?", fragt
der große Pirat.
„Hm", macht Jonas und überlegt.
Da fällt ihm etwas ein. „Klar bin ich
ein Pirat!

Ich habe nämlich die Schatzkarte für unsere Schatzsuche! Sie ist in den Sand gemalt, im Garten."

Vor Verwunderung bleibt Pit der Mund offen stehen.

„Zeig her!", sagt er und läuft hinter Jonas her, durchs Haus, in den Garten und zur Schaukel, wo Jonas vorher die Schatzkarte in den Sand geritzt hat.

Die beiden Piraten beschauen sich die Karte von allen Seiten.

„Siehst du die Wellen?", fragt Pit.

„Klar seh ich sie!", sagt Jonas und zeigt auf die krakeligen Linien.

„Das heißt, der Schatz liegt am kleinen Fluss!", meint Pit.

„Und hier ist eine Kurve eingezeichnet! Bestimmt sollen wir an der Biegung des kleinen Flusses suchen!", ruft Jonas aufgeregt. „Aber was sind das für Kreise auf der Karte?"

„Bestimmt ist hier der Schatz versteckt", sagt Pit.

„Bestimmt sollen die Kreise äh ... Goldstücke sein ... oder Perlen."

„Aber so richtig rund sind die Kreise nicht!", meint Jonas.

„Hm.", Pit überlegt. „Vielleicht sind es auch Diamanten ... Juhu, bald sind wir reich! Los, auf zum kleinen Fluss!"

Mama hat in der Zwischenzeit für die zwei
einen Proviantsack gepackt.
„Das Leben der Piraten ist hart und
gefährlich", sagt sie. „Bestimmt habt ihr
nach der Schatzsuche einen Bärenhunger!"
Jonas schnappt sich den Proviantsack
und Pit zieht eine weitere grün gestreifte
Augenklappe aus seiner Hosentasche.
Er hat auch noch ein Kopftuch für Jonas.
„Hier", sagt er zu Jonas. „Damit siehst
du auch aus wie ein richtiger
Pirat."
Sie laufen die große Straße
hinunter und über die
Wiese zum Wasser.

Hier weht ein leichter Wind. „Und was machen wir
jetzt?", fragt Pirat Jonas, als sie am Ufer ankommen.
„Wir holen den Schatz, ist doch klar!", sagt Pirat Pit.
„Komm mit!"
Pit läuft durch das hohe Gras den kleinen Fluss entlang,
und Jonas muss sich beeilen hinterherzukommen.
Plötzlich sieht er durch das Schilf, wohin Pit will: Dort
vorn, zwischen den Wasserlilien, liegt ein Floß am Ufer!
Es ist aus Holzbalken gebaut, die mit dicken Tauen
zusammengehalten werden. Zwei Ruder und ein Anker
liegen auf dem Floß, ein Mast zeigt in die
Höhe und eine Flagge hängt daran. Auf
der Flagge sind zwei Piraten zu sehen –
mit grün gestreiften Augenklappen!

„Das gibt's doch nicht!", ruft Jonas atemlos. „Ein richtiges Piratenschiff!"

Hat Pit etwa das Floß gebaut?

Vorsichtig steigen die Piraten auf die dicken Holzbalken und greifen sich jeder ein Paddel. Das Wasser schwappt über die Balken.

„Schwimmweste an!", ruft Pit. „Man weiß ja nie, ob gleich ein gefährlicher Sturm aufkommt."

Pit macht die Leinen los und die beiden Piraten paddeln den kleinen Fluss hinunter Richtung Flussbiegung.

„Vorsicht, geh in Deckung", schreit Pit, „feindliche Piraten greifen an!"

Ein Schwarm Wildgänse ist wild schnatternd aus dem Schilf aufgestiegen. Die Piraten haben die Vögel aufgescheucht. Die Gänse fliegen dicht über dem Wasser und steigen kurz vor dem Floß hoch in die Luft. Jonas kann ihre Rufe noch lange hören. In einem Dreieck angeordnet fliegen sie Richtung Wolken.

Jonas legt sich auf den Rücken und schaut ihnen hinterher.

„Achtung, alle Mann an die Kanonen!", schreckt Pit ihn da plötzlich auf. „Ein Krokodil!"

Jonas setzt sich schnell wieder hin und nimmt sein Paddel. Direkt vorm Floß schwimmt ein riesiges dunkles Etwas im Wasser. „Komisch, dass dem Krokodil Blätter aus dem Rücken wachsen", meint Jonas und lacht los.

„Das Krokodil sieht ein bisschen aus wie ein Baumstamm! Los, wir müssen schneller paddeln, damit es uns nicht kriegt!", schreit er.

Pit und Jonas stoßen ihre Paddel ins Wasser. Das Floß schaukelt, das Wasser spritzt. Was für eine schöne Abkühlung! Jonas hebt mit seinem Paddel Wasser hoch und schleudert die Tropfen Richtung Pit. Pit lässt sein Paddel aufs Wasser klatschen. Es spritzt Jonas bis zu den Ohren. „Attacke!", schreit Jonas lachend. Eine wilde Schlacht beginnt ...

Als die beiden Piraten ganz durchnässt sind und ihnen ihre Bäuche vom vielen Lachen wehtun, lassen sie sich ein Stück weitertreiben. Die Flussbiegung ist schon in Sicht. Jonas holt den Proviantsack hervor und findet darin zwei dicke Stücke Butterkuchen.

„Hm, willst du auch ein Stück rohen Fisch?", fragt er Pit und reicht ihm ein Stück von dem Kuchen.

„Jetzt haben wir schon ein paar Angriffe überstanden, aber vom Schatz noch keine Spur", meint Jonas mit vollem Mund.

„Warte nur, bis wir an der Flussbiegung sind", antwortet Pit.

Das Floß treibt langsam weiter. Als sie die Flussbiegung erreicht haben, hören sie auf einmal ein leises Piepen. Jonas nimmt das Fernrohr und sucht den Himmel und das Ufer ab. Da sieht er es: In einiger Entfernung am Ufer liegt ein großes Schwanennest. Zwei erwachsene Schwäne stehen darauf. Im Nest liegen drei ganze Eier und zwei aufgebrochene. Zwei kleine Schwanenküken sitzen neben der Schale. Sie müssen gerade geschlüpft sein, ihr Gefieder ist noch ganz feucht.

Den Piraten schlägt vor Aufregung das Herz bis zum Hals. Pit wirft den Anker und das Floß hält an, weit genug weg vom Nest, sodass sie die Schwäne nicht stören.

„Jetzt weiß ich auch, was das für runde Dinger auf der Karte waren", flüstert Jonas. „Keine Perlen oder Goldstücke, sondern Schwaneneier!"

„Mit etwas Geduld sehen wir vielleicht noch weitere Schwanenküken schlüpfen!", sagt Pit leise.

Und tatsächlich. Eines der Eier bekommt einen großen Riss. Der Schnabel eines Schwanenkükens wird sichtbar. Ganz vorsichtig setzen sich die beiden Piraten so zurecht, dass sie das Küken gut beobachten können. Diesmal stört es Jonas nicht, einfach nur so in der Sonne zu sitzen und zu warten. Die Suche hat sich gelohnt, sie haben ihren Schatz gefunden …

Der Fisch

Ich hab mal einen Fisch gekannt,
der wollte nichts lieber als auch mal an Land –
lebendig, das lässt sich erwarten.
Nicht als Rollmops und auch nicht gebraten.
Aber wie lebendige Fische so sind,
sie brauchen das Wasser, das weiß jedes Kind.

Der Fisch baute ein Aquarium um
in ein mobiles Wassermotorum.
Mit Rädern dran und Steuerrad
und Antriebswelle und Algensalat.
Mit Auspuff – groß – und Schiebedach – ach! –
und Vordermotorantriebsfach.

Das alles war so wunderbar,
als es dann endlich fertig war.

Der Fisch fuhr ganz entspannt an Land
und machte sich mit allem bekannt.

Sofie und der warme Sommerregen

Sofie will draußen spielen. Aber es regnet!
„Los, Sonne, komm heraus!", ruft Sofie. Aber die Sonne
bleibt, wo sie ist: hinter einer dicken grauen Wolke
versteckt.
Also muss Sofie ihre Gummistiefel und die Regenjacke
anziehen. Und das mitten im Sommer!
Als sie fertig ist, geht sie noch mal zu ihrem Bruder Uli
ins Wohnzimmer.
„Kommst du mit raus?", ruft sie ihm zu.
Aber Uli schüttelt nur den Kopf und bleibt, wo er ist:
vor dem Fernseher.
„Und du, Katze, kommst du mit
mir raus?", fragt Sofie.
Aber die Katze hebt nicht mal
den Kopf. Sie bleibt, wo sie ist:
auf der Küchenbank.
„Blöder Regen", murmelt Sofie
enttäuscht, „und niemand spielt mit mir."
Also trottet sie allein nach draußen.
Im Garten ist es trotz des Regens
warm. Überall sind Pfützen.

och
nö!

Erst springt Sofie drüber und dann springt sie hinein.
Platsch! Mitten rein in die Wassermulde! Das erdige
braune Wasser spritzt bis zu Sofies Gesicht hoch. Sofie
kreischt. Dann hält sie das Gesicht in den Regen und
kneift die Augen zu. Soll doch der Regen ihr Gesicht
wieder sauber waschen!
Wie schön es sich anfühlt, wenn das warme Regenwas-
ser übers Gesicht läuft! Sofie öffnet den Mund. Mal
sehen, wie viele Regentropfen sie mit ihrem Mund fangen kann! Und mal sehen, wie viele Regentropfen in den
Mund fallen, wenn sie sich dabei im Kreis dreht ...
Juhuuuu!
Sofie breitet die Arme aus und dreht sich ... immer
schneller und schneller ... bis ihr so schwindelig wird,
dass sie ins nasse Gras fällt. Sie legt sich auf den Rücken
und streckt die Beine weit von sich. Der Regen prasselt
auf sie nieder. Sie schützt ihr Gesicht mit den Händen.
Wo kommen bloß all die Regentropfen her?
Plötzlich wird es warm auf der Haut. Licht dringt durch
Sofies Finger. Die Sonne kommt heraus!

Sofie zieht ihre Regenjacke und die Gummistiefel aus. Und gleich auch noch ihr
T-Shirt und die Socken und die Hose, denn
alles ist nass geworden beim Herumspringen im
Garten. Sofie läuft zur Hängematte zwischen den
großen Kastanien und kugelt sich hinein. Die
warmen Sonnenstrahlen kitzeln ihre Haut. Sie
rollt sich ein wie die Katze auf der Küchenbank
und schließt die Augen.

Da hört sie Uli. „Sofie, möchtest du jetzt mit mir
spielen? Ich langweile mich!", ruft er nörgelnd
herüber.

Aber Sofie will nicht. Sie lässt die Augen zu und
bleibt, wo sie ist: in ihrer Hängematte – und träumt
vom warmen Sommerregen.

Zeig, was du kannst, kleine Fee!

Im tiefen Wald an einem türkisgrünen See steht ein wundersames Haus. Seine Mauern sind mit rosa Muschelschalen überzogen und auf dem Dach des Hauses liegt glitzernder Zauberstaub. Die Elfenflügel-Türen stehen weit offen. Ein zarter Wind, der nach Honig duftet, weht durch den Garten. Jedes Mal, wenn er in die Blätter der Bäume fährt, rascheln diese nicht, sondern klingeln hell wie tausend kleine Glöckchen.
Am Gartentisch sitzt die kleine Fee Fidelia mit ihrer großen Schwester und der Feen-Mutter.
Der Kater Sausenix liegt neben ihnen auf dem Boden – faul ausgestreckt in einem Sonnenstrahl, der durch die Büsche fällt.

„Für heute habe ich genug Wünsche erfüllt, jetzt machen wir es uns gemütlich!", sagt die Mutter, hebt den Zauberstab und spricht:

„Schwippschwappschwade,
wir möchten Schokolade!"

Und schon stehen drei Becher mit dampfendem heißem Kakao auf dem Tisch.

„Schnüffelschnaffelschnufen,
wir möchten auch noch Kuchen!",

ruft Fidelias große Schwester und zaubert einen duftenden Waldbeerenkuchen hinzu.
Aber Fidelia freut sich nicht, sie verzieht das Gesicht.
„Was ist mit dir, soll ich dir etwas anderes zaubern?", fragt die Mutter verdutzt.
Fidelia schüttelt trotzig ihren kleinen Feenkopf, sodass der Hut fast hinunterfällt. „Ich möchte auch endlich mal *selbst* etwas zaubern!", schimpft sie. „Und dann möchte *ich* auch mal eine richtige gute Fee sein dürfen und einem Menschen einen Wunsch erfüllen!"
Die beiden älteren Feen schauen Fidelia verdutzt an.
„Aber dafür bist du doch noch viel zu klein", sagt die Mutter und schüttelt den Kopf.
„Bin ich nicht!", ruft Fidelia wütend. „Ich kann auch schon richtig zaubern!"

Sie schnappt sich den Zauberstab
der Schwester, hält ihn in Richtung
Kater und ruft:

"Simsalabim, Simsulidor,
der Kater hat ein Hasenohr!"

Und tatsächlich: Auf dem Kopf von Sausenix ragt ein
braunes Hasenohr in die Höhe. Sausenix regt sich nicht
mal, so als hätte er dies schon öfter erlebt.
"Hast du heimlich Zaubern geübt?", fragt die Mutter
verblüfft. Aber da ruft Fidelia auch schon:

"Simsalabim, Saladim, Salabil,
der Kuchen wird zum Krokodil!"

Kurz darauf verwandelt sich nicht nur der Kuchen,
sondern auch die Tassen verwandeln sich. Sie springen
jetzt wie Grashüpfer durch den Garten. Und der Zucker-
topf marschiert rückwärts über den Tisch.
"Seht ihr, ich kann schon zaubern und bin nicht mehr
zu klein!", ruft Fidelia, und ihre
Mutter und die Schwester nicken
sprachlos.
Plötzlich dringt Lärm vom See
herüber. Kinderstimmen!
Die drei Feen stehen auf, um
nachzuschauen, was vor sich geht.

87

Am Seeufer spielen zwei Kinder. Sie streiten sich um einen Ball.

„Gib ihn her!", keift das Mädchen. „Ich hatte ihn zuerst!"

„Aber ich hatte ihn noch gar nicht!", ruft der Junge.

Da antwortet das Mädchen: „Wenn jetzt eine gute Fee hier wäre, könnten wir uns einfach noch einen Ball dazuwünschen. Dann müssten wir uns nicht mehr streiten."

„Oh, lasst mich gehen und den Kindern helfen!", fleht Fidelia.

Die Mutter überlegt und nickt dann ernst. „Aber du hast ja gar kein besonderes Kleid, wie es eine Fee nun mal beim Arbeiten tragen sollte!"

Das stimmt allerdings. Fidelia schaut traurig an sich hinunter. Wie eine waschechte Wunschfee sieht sie in ihrem einfachen rosa Kleidchen nun wirklich nicht aus. Die Schwester hat Mitleid mit ihr.

„Du darfst mein schönes Feenkleid aus Spinnweben und Libellenflügeln anziehen", sagt sie. „Aber pass gut drauf auf! Es darf nicht kaputtgehen!" Sie gibt ihr auch noch die kleinen zarten Sandalen mit den Perlen und den Schmetterlingen drauf. Fidelia lächelt glücklich. Sie schlüpft in das Feenkleid, das so leicht ist wie der Sommerwind. Dann kämmt sie ihre goldenen Locken, nimmt den Zauberstab ihrer Schwester und hüpft aus dem Haus. Sie sieht aus wie eine Bilderbuchfee!
„Viel Glück!", ruft die Mutter hinter ihr her. „Und komm nach Hause, wenn der Uhu zweimal krächzt!"
Fliegen kann Fidelia noch nicht, also spaziert sie quer durch den Wald. Aber auf dem Weg verheddern sich die Zweige in ihrem Kleid und reißen kleine Löcher hinein. Die himmelblauen Seidenschuhe bekommen von der Erde braune Flecke. Fidelia bemerkt es nicht, so aufgeregt ist sie.
Endlich ist sie in der Nähe der Kinder. Sie hört ihre Stimmen schon ganz deutlich. Sie streiten immer noch.

Fidelia holt tief Luft und springt dann, wie eine echte Zauberfee, hinter einem Baum hervor und ruft: „Simsalabim, hier bin ich – eure gute Fee! Ihr dürft euch etwas wünschen!"

Aber die Kinder schauen nur erstaunt auf ihr zerrissenes Spinnwebenkleid. Das soll eine Fee sein? Das Kleid hat große Löcher und in Fidelias Haaren sind Äste und Blätter.

„Oh nein", seufzt Fidelia und fängt bitterlich an zu weinen. „Das Kleid gehört doch meiner Schwester! Bestimmt darf ich nie wieder gute Fee spielen, wenn sie sieht, dass es kaputt ist! Ich wünschte, ihr würdet mir helfen!"

Die Kinder haben Mitleid. „Wir helfen dir, kleine Fee!", rufen sie. Dann laufen sie los und sammeln vorsichtig Spinnweben aus den Ästen der Bäume. Sie verknüpfen Faden um Faden mit denen des Kleides, bis schließlich alle Schleifen und Rüschen wiederhergestellt sind. Dann läuft der Junge zum See und holt Wasser, um den Schmutz von Fidelias Schuhen zu wischen.

„Danke", sagt die kleine Fee glücklich und schüttelt sich die Äste aus dem Haar.

Als sie gerade fertig sind, krächzt der Uhu zweimal.

Das war das Zeichen – schnell nach Haus! Die Kinder winken Fidelia vergnügt nach.

Auf dem Weg fällt der kleinen Fee plötzlich ein, dass sie vergessen hat, den beiden einen Wunsch zu erfüllen. Stattdessen haben die Kinder ihren Wunsch erfüllt.

Aber was hätte Fidelia auch tun können? Sie konnte ja
bisher nicht viel mehr zaubern als Hasenohren!
Die Mutter und ihre Schwester erwarten Fidelia am
Feenhaus. Sie schauen Fidelia begeistert an.
„Die Kinder streiten sich nicht mehr! Du hast ihnen
also tatsächlich helfen können", sagen sie bewundernd.
„Wie eine richtige gute Fee!"
Fidelia dreht sich erstaunt um.
Tatsächlich: In der Ferne spielen die Kinder friedlich
zusammen. Sie werfen sich den Ball zu und lachen
fröhlich. Der Streit ist vergessen.

Das Picknick

Stell dir vor, du liegst auf einer Wiese. Plötzlich hörst du helle Stimmen. Kommen sie etwa aus dem Gras? Du drehst den Kopf zur Seite und spähst zwischen die Halme. Da entdeckst du eine kleine Gruppe von Käfern, Schmetterlingen und Libellen, die gerade dabei sind, ein Picknick vorzubereiten.

Sie legen eine rot karierte Decke ins Gras und packen
allerlei leckere Sachen aus: Blütenpollen-Gelee, Früchtebrot, Himbeersaft, Glücksklee-Konfekt, Rosenhonig und
gefüllte Blütenstaubbeutel.
Auf einmal entdeckt dich einer der Käfer. Er und die
anderen schauen erschrocken, aber eine Libelle freut sich
und winkt.
„Möchtest du auch etwas essen?", fragt sie dich.
Du nickst.
Die Libelle nimmt ein kleines Früchtebrot und beträufelt
es mit etwas Rosenhonig. Das Brot ist so winzig, nicht
größer als ein Krümel! Aber es duftet wie eine ganze
Sommerwiese.

Was ist bloß mit Mimmi los?

Vor dem Schlafengehen schaut Lina noch mal nach ihrer
kleinen Katze Mimmi.

Mimmi krabbelt in ihrer Kiste hin und her und miaut.

„Mimmi, was hast du denn?", fragt Lina. „Möchtest du
mit der Stoffmaus spielen?"

Nein, Mimmi mag die Stoffmaus nicht. Sie krabbelt
einfach über sie hinweg.

„Möchtest du dich in meinen Arm kuscheln?"

Aber Mimmi möchte nicht auf den Arm, sie schnuppert
kurz an Linas Hand, aber dann krabbelt sie weiter und
maunzt dabei laut.

Was hat sie nur?

Lina setzt Mimmi wieder in die Kiste. Sie versteht die
kleine Katze nicht.

Aber Mieze, die Katzenmutter, weiß, was los ist! Schnell
kommt sie um die Ecke gelaufen und springt in die
Kiste. Dann leckt sie Mimmi übers Fell und legt sich hin.
Augenblicklich hört Mimmi auf zu maunzen. Sie krab-
belt zu Mieze, sucht sich eine Zitze und saugt Milch.
Dabei schnurrt sie genüsslich.

Das war es also! Mimmi hatte Hunger!
Als Mimmi genug getrunken hat, rollt sie sich an Miezes
Bauch zusammen, gähnt und schließt die Augen.
Lina muss auch gähnen. Auf einmal merkt sie, wie müde
sie selbst ist! Schnell ins Bett!
Schlaf gut, kleine Mimmi!

Kleiner Katzentraum

Träum schön von einer kleinen Katze,
die bei dir schlafen will, ganz still ...
und dabei ihre kleine Tatze
sanft auf dein Kissen legen will.

Sie schnurrt und macht die Augen zu
und träumt jetzt wohl im Mondenschein ...
Sie schläft ja schon! Und was machst du?
Schließ deine Augen und schlaf ein!

Ist da noch jemand wach?

Hannes darf heute bei seinem Freund Flemming über-
nachten. Das ist besonders schön, weil Flemming einen
jungen Graupapagei geschenkt bekommen hat. Flem-
ming hat den Vogel „Pippo" getauft.
Die Jungen wollen am Abend versuchen, Pippo das
Sprechen beizubringen.
„Pippo!", rufen sie. „Sag mal Pip-po!"
Der Papagei hüpft auf den Stangen im Käfig hin und her
und sagt kein Wort.
„Vielleicht ist das Wort zu schwierig", meint Flemming.
„Wie wär's mit Nuss oder Lora?"
Der Papagei krächzt noch nicht mal, sondern flattert nur
aufgeregt von Stange zu Stange.
„Pippo ist bestimmt müde. Es ist ja auch schon spät",
sagt Flemmings Mutter. „Zeit zum Schlafengehen! Ich
bin selbst hundemüde!", sagt sie.
Sie hängt ein schwarzes Tuch über den Käfig, damit es
im Käfig dunkel ist und der Papagei zur Ruhe kommt.
Auch Flemming und Hannes sollen ins Bett. Sie ziehen
sich ihre Pyjamas an, putzen sich rasch die Zähne und
schlüpfen unter ihre Decken.

„Schlaf gut!", sagt Flemming zu Hannes. „Ich bin ja sooo müde!"
Aber Hannes ist hellwach. Er muss dauernd an Pippo denken. Wie schön es wäre, wenn er auch einen Papagei hätte, dem er Sprechen beibringen könnte und vielleicht noch ein paar Kunststückchen!
„Flemming, schläfst du schon?", flüstert Hannes.
Aber Flemming antwortet nicht. Er atmet ruhig und gleichmäßig. Flemming schläft.
Hannes kann nicht einschlafen. Er fühlt sich so allein. Die Bettdecke riecht anders als seine zu Hause! Und die Matratze fühlt sich hart an. Und das Kopfkissen ist zu weich!
Bin ich denn der Einzige, der nicht schlafen kann?, denkt Hannes. Was soll ich nur machen? Ich könnte ja noch mal aufs Klo gehen.
Also steht er auf, tastet sich vorsichtig durch das dunkle Zimmer, geht in den Flur und macht dort das Licht an. So findet er leichter zum Badezimmer!
Im Flur steht der abgedeckte Papageienkäfig.
„Kuckuck!", hört Hannes plötzlich eine Stimme.
Wer war denn das? Hannes sieht sich um. Alle Türen sind zu. War das etwa Pippo, der Papagei?
Hannes hebt vorsichtig das Tuch vom Käfig. Der Papagei sitzt am Käfigboden und schaut zu Hannes hoch.
„Pippo, du bist ja auch noch wach!", flüstert Hannes.
„Kuckuck!", krächzt der Vogel.
„Kuckuck!", antwortet Hannes leise und klopft zart mit

seinem Finger an den Käfig.
Der Papagei hüpft auf die
Stange und neigt seinen Kopf.
Er schaut Hannes schräg von
der Seite an und kommt dann
langsam näher. Ganz vorsichtig hält
er den Kopf an die Stäbe. Hannes
nähert sich behutsam mit seinem
Finger und streichelt den Papagei
am Kopf.
„Du sollst doch jetzt schlafen!",
flüstert er dem Papagei zu.
„Kuckuck!", antwortet Pippo.
Hannes tut es gut, dass der kleine
Vogel ebenfalls noch nicht schläft. Vielleicht fühlt er sich
auch fremd?
Vorsichtig deckt Hannes wieder das Tuch über den Käfig
und geht zurück ins Bett. Er kuschelt sich unter die
Decke und gähnt.
Morgen erzähle ich Flemming, dass Pippo schon Ku-
ckuck! sagen kann, denkt er. Der wird staunen! Viel-
leicht kann der Papagei ja noch viel mehr Wörter sagen?
Vielleicht kann er sogar unsere Worte verstehen?
Hannes nimmt sich vor, es gleich morgen Früh
herauszufinden. Dann schläft er ein.

Das Versteck

Nach vielen warmen Sommerwochen ist es an diesem Abend regnerisch und kalt. Mama hat einen Tee gekocht und sogar eine Kerze angezündet.

„Heute machen wir es uns drinnen so richtig gemütlich", sagt sie vergnügt, und Papa, Lukas und seine Schwester Linn nicken begeistert.

Lukas freut sich darauf, nach dem Abendessen in seinem Zimmer statt im Garten zu spielen. Wie lang er schon nicht mehr das Parkhaus aufgebaut hat! Es steht verlassen im Regal. Heute will er endlich mal wieder seine Autos runterbrausen lassen!

Lukas öffnet den großen Schrank, in dem er den Karton mit den Autos aufbewahrt. Doch als er ihn herauszieht, verkantet sich der Karton mit etwas, was hinten im Schrank steht. Was ist denn das? Eine kleine Holzkiste! Die hat Lukas ja noch nie gesehen!

Hat Mama sie hier heimlich hineingestellt? Oder gehört sie Papa? Seine Schwester Linn bewahrt eigentlich nie etwas in seinem Zimmer auf – sie hätte zu große Sorge, dass er etwas kaputt macht.

Lukas schaut sich das Kästchen von allen Seiten an.

Das Holz sieht alt aus, es hat Flecken und an ein paar Stellen Kratzer. Wie von einer kleinen Tatze ...

Lukas setzt sich aufs Bett und schüttelt das Kästchen vorsichtig. Keine Frage – da ist etwas drin. Es raschelt und klimpert. Wenn er stärker schüttelt, erklingt ein hoher Ton wie von einem Glöckchen.

Leider hängt ein kleines goldenes Schloss vor dem Kästchen. Lukas schaut genau nach, aber von einem Schlüssel ist im Schrank leider nichts zu sehen.

Aufgeregt läuft er in die Küche.

Seine Mutter kocht Kürbissuppe und telefoniert dabei.

„Mama, ist das von dir?", fragt Lukas und hält das Kästchen über den Suppentopf.

Mama schüttelt den Kopf. Sie schaut nicht mal genau hin und zeigt nur Richtung Wohnzimmer auf Lukas' Vater, der gerade Zeitung liest.

„Frag Papa!", nuschelt sie und dann rührt sie wieder in der Suppe, hält den Hörer ans andere Ohr und telefoniert weiter. Interessiert sie das Kästchen denn gar nicht?

Lukas' Papa ist hinter seiner großen Zeitung kaum zu sehen. Nur seine Beine schauen unten heraus.

„Papa, gehört dir dieses Ding?", fragt Lukas.

Erst ist von Papa ein Seufzen zu hören und dann lugt er hinter der Zeitung hervor. Er zieht sich die Lesebrille von der Nase und schaut das Kästchen an.

„Ne, das hab ich noch nie gesehen. Frag doch Linn!", sagt Papa, und schon ist er wieder hinter seiner Zeitung verschwunden.

„Das gibt's doch nicht!", Lukas seufzt. Wieso interessiert sich denn niemand außer ihm für das Kästchen? Irgendwem muss es doch gehören!
Linn ist gerade dabei, sich eine neue Frisur zu machen. Lukas kommt hereingeschlendert und hält das Kästchen so, dass Linn es sehen kann, auch wenn sie sich eigentlich im Spiegel betrachtet. Wenn ihr das Kästchen gehört, fängt sie sicherlich gleich an zu schimpfen und sagt, Lukas solle es ihr wiedergeben.
Aber Linn schimpft nicht. Sie fragt Lukas, wie ihr die neue Frisur stehe. Und dann sagt sie ganz nebenbei: „Was hast du denn da für ein Kästchen?"

„Ach das", sagt Lukas, „das ist nichts."
Er läuft aus dem Zimmer. Nicht, dass Linn ihm das
Kästchen noch wegschnappt!
Aufgeregt setzt sich Lukas aufs Bett.
„Das ist ja ungeheuerlich", murmelt er. „Niemand aus
meiner Familie kennt dieses Kästchen und doch war es
bei mir im Schrank!"
Keine Frage. Torben muss her! Torben ist Lukas' bester
Freund und außerdem wohnt er gleich nebenan.
Torben wird mit ihm das Rätsel lösen.
In null Komma nichts fragt Lukas, ob Torben bei ihm
schlafen dürfe. Die Eltern erlauben es, Torben hat natür-
lich Lust dazu und schon kommt er herübergerannt und
wirft sich atemlos auf Lukas' Sessel.
Klar, Torben erkennt sofort, dass es sich bei dem Käst-
chen um eine große, geheime Sache handelt!
Torben schüttelt es und wieder ist dieser glockenhelle
Klang zu hören.
„Vielleicht ist das Kästchen verzaubert?", überlegt
Torben. „Vielleicht ist etwas sehr Wertvolles drin?"
Aber wie können sie das herausfinden?
„Vielleicht sollten wir das Schloss einfach kaputt
hauen?", meint Lukas. Aber so richtig trauen sie sich
nicht, denn das Schloss sieht alt und wertvoll aus.
Es glänzt und ist mit funkelnden roten Steinen besetzt.
Vielleicht ist es aus echtem Gold?
„Möglicherweise war das Kästchen schon immer in dem
Schrank", überlegt Torben.

Aber Lukas schüttelt den Kopf.

„Ich weiß noch genau, wie wir den Schrank gekauft haben. Wir mussten ihn ja selbst zusammenbauen. Und eine kleine Schatzkiste war bestimmt nicht mit in dem Paket mit den Holzplatten und Schrauben."

Torben hat auch keine Idee mehr.

Aber für den nächsten Tag planen sie ein paar Experimente mit dem Kästchen.

Vielleicht kann es schwimmen? Und was passiert, wenn man es vom Baum in die Sandkuhle wirft? Vielleicht schwebt es, anstatt zu Boden zu sausen? Vielleicht öffnet es sich auch von allein und es ist so viel wertvolles Gold darin, dass Lukas und Torben sich davon einen Rennwagen kaufen können? Oder wenigstens ein Tandemfahrrad?

Vielleicht kann aber auch der alte Mann vom Kiosk an der Ecke was über das Kästchen sagen. Er ist bestimmt schon hundert Jahre alt und kennt sich mit solch einem alten Ding bestimmt gut aus!

Ja, die zwei haben einen schönen Plan für den nächsten Tag und können deshalb beruhigt schlafen gehen.

Nachdem sie ihre Pyjamas angezogen haben, legt Lukas das Schatzkästchen neben die Spielkiste und löscht das Licht.

Plötzlich hören sie ein Rascheln. Es kommt vom Fußboden, direkt unterm Fenster, das geöffnet ist.

„Ist etwa eine Maus ins Zimmer geschlüpft?", fragt Lukas und macht das Licht wieder an.

Da, hinter der Spielkiste unter dem Malheft, da bewegt sich doch etwas! Die Jungs schauen mit großen Augen hin. Jetzt bewegt es sich nicht mehr.

„Ich schau mal nach!", sagt Torben und nimmt allen Mut zusammen.

„Wirf ein T-Shirt darüber, wenn es 'ne Maus ist", flüstert Lukas. „Dann kann sie nicht so schnell weglaufen!"

Torben nickt und schleicht zur Spielkiste. Vorsichtig greift er das Malheft und reißt es mit einem Riesenschwung in die Luft.

Doch als er sieht, was dort auf dem Boden hockt, fällt er vor Staunen auf den Hintern.

Ein kleiner grüner Drache sitzt neben der Spielkiste. Er hat riesige Ohren und einen kleinen gezackten Schwanz. Zudem trägt er ein Fernglas um den Hals und er hat einen Rucksack auf.

Aufgeregt schaut der Kleine von Torben zu Lukas hin und wieder zurück.

Dann lächelt er freundlich und sagt: „Bonjour, guten Tag!"

„Ist – ist – ist das ein Traum?", stottert Lukas.

„Wa-wa-weiß auch nicht", stammelt Torben.

Der Drache runzelt die kleine grüne Stirn. „Isch bin doch kein Traum", sagt er entrüstet. „Isch bin ein ganz normaler Drache! Isch komme aus den Vogesen in Fronkreisch und bin gerade auf Weltreise. Und wer seid ihr?"

Lukas muss lachen. Ein französischer Drache auf Weltreise? Oder ist das nur eine Eidechse? Aber mit Fernglas und Rucksack?

„Kannst du uns beweisen, was du gerade gesagt hast?",
fragt Lukas.

Vielleicht will der Drache ja mal zur Probe Feuer speien?
Aber nein, stattdessen öffnet der Kleine seinen Rucksack
und holt einen winzigen Dudelsack heraus.

Er bläst zweimal hinein und sagt dann: „Den ier abe
isch zum Beispiel von meiner Reise nach Schottland
mitgebracht!"

Er greift wieder in seine Tasche.

„Dieser feine onig stammt aus Kanada! Und ier abe isch
ein Drachenei aus Afrika! Isch offe, es stimmt, und man
at mir kein Straußenei verkauft."

Lukas und Torben kommen ein Stück näher.

Der Drache plappert munter weiter. „Diese Dose Sauerkraut ist aus Deutschland! Aber isch abe auch noch ein paar Eukalyptuszweige aus Australien! Na ja, ab alt viel mitgebracht!", sagt er und dann beginnt er die Sachen wieder einzupacken.

Lukas schaut Torben an und schüttelt den Kopf. „Das kann doch alles nicht wahr sein!"

Doch genau in dem Moment greift der Drache nach dem kleinen Schatzkästchen, das neben der Spielkiste liegt, und stopft es hastig in den Rucksack.

Torben hat es gesehen. „Moment mal!", ruft er. „Gib unser Schatzkästchen wieder her!"

Der Drache fühlt sich ertappt. Er wird rot, aber schüttelt eifrig den Kopf. „Nein, nein, nein! Das ist nicht euer Schatzkästchen", sagt er. „Oder könnt ihr mir sagen, woer ihr es abt?", fragt er und schaut dabei listig.

Lukas und Torben fällt so schnell keine Antwort ein. „Na ja, wir haben es von … äh … aus dem Schrank", sagt Lukas.

„Genau!", antwortet der Drache blitzschnell. „Weil nämlich ISCH es dort ineingelegt abe!"

„Aber warum denn?", fragt Lukas.

Der Drache setzt sich auf seinen Drachenhintern und lehnt sich gegen den Rucksack. Er verschränkt die Arme über der Brust und fängt an zu erzählen: „Na ja, eigentlich geört das Schatzkästchen ja nicht mir, sondern dem Rittär Brombär! Es entält den Schlüssel zur Burg des

Rittärs. Rittär Brombär wollte die Welt bereisen und at mir den Schlüssel zur Aufbewahrung übergeben. Für ihn bewache isch das Kästchen nun schon seit neun Jahren! Das Kästchen liegt in einer Öhle in den Vogesen und isch sitze davor! Könnt ihr euch vorstellen, wie langweilisch das ist? Zumal der Ritter erst in einem Jahr zurückkommen will!"

Lukas und Torben nicken.

„Na ja", fährt der Drache fort, „als isch da saß, abe isch Tag und Nacht daran gedacht, was isch alles erleben könnte, wenn isch nicht vor der alten dunklen Öhle sitzen müsste. Isch wollte auch eine Fernreise machen, die Welt anschauen und etwas erleben! So oft kamen Tiere vorbei, die mir erzählt aben, was es alles auf der Welt zu entdecken gibt!"

„Aber du durftest das Schatzkästchen nicht allein lassen, stimmt's?", fragt Lukas.

108

„Genau", sagt der Drache und zeigt begeistert mit dem Finger auf Lukas. „Das ist wahr! Und deshalb abe isch mich entschlossen, einen Ort für das Kästchen zu finden, der einsam und verlassen ist! Wo niemand es findet!"

„Meinen Schrank?", fragt Lukas entgeistert.

„Ah, oui", antwortet der Drache, „genau! Eines Tages ist eine alte Freundin von mir, eine sehr freundliche Wollmaus, an meiner Öhle vorbeigekommen. Sie at mir erzählt, dass sie einen einsamen, verlassenen Ort kennt, der als Versteck für den Schatz sehr gut geeignet ist. Deinen Schrank! Isch wusste, isch kann ihr vertrauen. Aber nun abe isch das Klingeln der Glöckchen gehört und isch wusste, jemand at das Schatzkästchen erausgenommen. Meine Ohren ören sehr gut, wisst ihr?"

Lukas und Torben nicken. Ja, der Drache hat wirklich ungewöhnlich große Ohren. Logisch, dass er mit ihnen gut hören kann.

Da senkt der Drache den Kopf und blickt traurig zu Boden. „Jetzt muss isch meine Reise wohl abbrechen und das Kästchen zurück in die Öhle bringen", sagt er.

Lukas und Torben sehen sich an. „Wir beide können es doch zusammen bewachen", sagen sie wie aus einem Mund.

Der Drache schaut sie verdutzt an. Seine Stacheln stehen ihm vor Staunen zu Berge.

„Ihr wollt das Kästchen vor Riesen und gefährlichen Ungeheuern und großen Schwestern verteidigen?", fragt er hoffnungsvoll.

Lukas und Torben nicken. „Das schaffen wir", sagen sie. „Aber wenn unsere Ferien um sind, musst du das Kästchen wieder abholen, versprichst du das? In die Schule mitnehmen wollen wir es nämlich lieber nicht! Unsere Mitschüler sind gieriger als jeder Riese!"

Der Drache nickt. „Versprochen", sagt er und steht schnell auf. Vielleicht hat er Angst, dass sie es sich sonst anders überlegen?

„Vielen Dank und auf Wiedersehen!", ruft er.

Und dann schnallt er sich in Windeseile seinen Rucksack um, hüpft auf die Fensterbank, winkt noch einmal und springt hinaus in die Nacht.

Ritter Rosa

Schweinchen Rosalie, Wolli Waschbär und Pepp, die kleine Meise, sitzen an ihrem Lieblingsplatz auf dem höchsten Ast einer alten Eiche. Sie quieken, grunzen und zwitschern aufgeregt durcheinander.
Gerade haben sie erfahren, dass sie morgen zusammen mit den anderen Tierkindern einen Ausflug machen. Mit Übernachtung und Faschingsfest!
„Als was werdet ihr euch verkleiden?", fragt Wolli Waschbär und streicht sich nachdenklich über seine Barthaare.

„Zu gern wäre ich ein Dinosaurier", zwitschert Pepp und plustert sich auf.

Rosalie lacht laut los. Pepp ist nicht größer als eine Tomate … und ein Dinosaurierkostüm in dieser Größe? Das ist einfach zum Piepen!

„Geh doch lieber als Fliege", grunzt Rosalie. „Das passt zu dir!"

„Als was willst du denn gehen?", fragt sie Wolli.

„Hm …", meint der kleine Waschbär verträumt, „ich gehe vielleicht als Schaf."

Rosalie fängt an zu prusten und fällt dabei fast vom Baum. Sie schlägt sich vor Lachen auf ihre dicken, rosa Schenkel.

„Als Schaf? Dann musst du das ganze Fest über Gras fressen und siehst aus wie ein Wollknäuel!"

Wolli Waschbär wird rot. „Mir gefällt es eben", flüstert er.

Rosalie richtet sich auf, streckt ihr rosa Rüsselchen stolz in die Luft und tönt: „Wenn ich euch sage, wie ich mich verkleide, werdet ihr blass vor Neid! Ich ... werde ... als ... Ritter ... gehen: Ritter Rosa, das mutigste Schweinchen aller Zeiten!"

Pepp bleibt vor Staunen der Schnabel offen stehen. Typisch, dass Rosalie mal wieder das tollste Kostüm haben wird! Sie hat immer die besten Ideen, ist die Mutigste und Lauteste von allen!

Am nächsten Morgen treffen sich die Tierkinder am Bus. Sie haben Schlafsäcke dabei, Proviantbeutel und ihre Taschen mit den Kostümen fürs Faschingsfest.

Rosa hat die größte Tasche von allen. Sie scheppert bei jedem Schritt, den Rosa macht.

„Was hast du da drin?", fragen die anderen neugierig und spähen und schnüffeln.

Aber Rosa lässt niemanden in ihre Tasche schauen.

Pepp wirkt irgendwie traurig. Er trägt einen winzigen Beutel und daraus schaut ein kleiner Rüssel hervor.

„Es gab leider kein Dinosaurierkostüm in meiner Größe. Jetzt gehe ich als Biene."

Rosa lacht ihn aus. „Pepp, die Honigbiene!", posaunt sie und die anderen lachen los.

Als alle eingestiegen sind, fährt der Bus ab. Auf der ganzen Fahrt zwitschern, bellen, miauen und blöken die Tierkinder durcheinander. Sie singen Lieder:

„Mäuselein, Käferlein, Hühner – klein und groß –
feiern heute Faschingsfest, das wird bestimmt famos."
Und sie erzählen Geschichten:
„Und dann kam der große Wolf in den Lämmerstall und
hat uns allen gesagt, dass wir nicht mehr auf der Wiese
spielen dürfen ..."
Ein Tierkind grunzt ganz besonders laut: „Der große
Wolf? Den verjag ich in null Komma nichts! Der soll
mich mal kennenlernen!"
Das war Rosalie. Obwohl sie ihre Rüstung noch gar
nicht trägt, fühlt sie sich jetzt schon wie ein Ritter, dem
nichts und niemand Angst machen kann.

Nach langer Fahrt kommen sie im Ferienheim an. Im
Schlafsaal schlüpfen sie in die Kostüme: Ein Lamm geht
als Wolke. Das Hühnchen geht als Frosch. Der Frosch
als Prinzessin. Ein Käfer hat zwei Höcker, er ist jetzt ein
Kamel. Ein anderer trägt eine Haifischflosse auf
dem Rücken. Wolli Waschbär schlüpft in
sein Schafkostüm, und Pepp, die Meise,
dreht die erste Runde als Honigbiene.

Als alle draußen auf der Festwiese
versammelt sind, hören sie
plötzlich eine Fanfare:
„Tätärätäää!"
Es klirrt und klappert ...

und hinter einem großen Busch tritt ein Ritter mit spiegel-
blanker Rüstung und Helm hervor. Die Tierkinder werden
still. Dann zeigt einer auf das rosa Ringelschwänzchen,
das hinten aus der Rüstung guckt.

Rosalie? „Ich bin Ritter Rosa!", ruft Rosalie mit tiefer
Stimme. „Wer will gegen mich kämpfen?"

Der Käfer mit der Haifischflosse will …

… aber schon nach kürzester Zeit hat Rosalie ihn fest im
Griff.

„Ich bin stärker als du!", freut sich Ritter Rosa.

Da haben die anderen Tiere keine Lust mehr zu kämpfen.
Sie essen lieber Waldmeisterpudding und tanzen ausge-
lassen zur Musik, die der Frosch auflegt. Pepp wirbelt
als Honigbiene durch die Luft und Wolli Waschbär zeigt,
wie er als Schaf auf einem Bein stehen kann. Nur Rosa
sitzt allein am Rand.

In ihrer Rüstung kann sie sich schlecht bewegen.

Als die ersten Glühwürmchen durch die Luft fliegen, ist
das Fest zu Ende. Die Tierkinder gehen ins Haus,
schlüpfen aus ihren Kostümen und unter ihre Bettdecken.

Das war ein schönes Fest! Alle sind müde vom vielen
Tanzen. Es ist mucksmäuschenstill im dunklen Schlafsaal.
„Huhuhu", hört man da plötzlich ein leises Wimmern.
Wolli Waschbär stellt seine Ohren auf. Auch Pepp
schläft noch nicht.
„Wer weint denn da?", piept sie leise.
„I-i-ch", stottert Rosalie. „Ich fühle mich so allein …
und … besonders schön war das Fest für mich eigentlich
auch nicht … und außerdem fürchte ich mich ein
bisschen im Dunkeln!"
Die mutige, laute, wilde Rosalie fürchtet sich und fühlt
sich allein? Ritter Rosa, die nicht mal Angst vorm großen
Wolf hat und die sie seit gestern nur geärgert hat?
Pepp und Wolli können es nicht glauben.
Sie schleichen hinüber zu Rosalie und sehen ihr verwein-
tes Gesicht. Das Rüsselchen ist schon ganz rot vom
Schnäuzen.
Also schlüpfen sie unter ihre Decke und kuscheln sich
eng an sie. Und sie versprechen sogar, am nächsten Tag
niemandem von ihren Tränen zu erzählen. Schließlich
sind sie trotz allem Freunde.

Die Flaschenpost

Peer und Nina sind auf Seeräuberjagd. Geduckt laufen sie am Ufer des kleinen Flüsschens entlang und halten mit ihren Spielzeug-Fernrohren Ausschau nach Piratenschiffen mit Totenkopfflaggen.

„Wenn die Piraten wieder anlegen, entdecken sie vielleicht unsere Höhle und stehlen unsere Schätze!", ruft Peer und läuft ein Stück vor, um zu sehen, ob vielleicht hinter der Flussbiegung ein gefährlicher Pirat auf ihn wartet. Einer mit einem amputierten Bein, tätowierten Armen und einem gemeinen Grinsen aus einem Mund mit Zähnen aus Gold.

Aber nichts! Hinter der Flussbiegung warten kein Pirat und kein Schiff, nicht mal eine Ente.

Peer lässt sich und sein Piratenschwert ins kühle Gras fallen.

„Ich habe keine Lust mehr!", seufzt er. „Seit Tagen spielen wir hier, aber so langsam reicht's mir! Kein Schatz und kein Pirat weit und breit! Es könnte ja auch wirklich mal ein echtes Piratenschiff auftauchen!"

Nina zieht ihre Augenklappe zur Seite und schaut Peer erstaunt an.

„Ich weiß gar nicht, ob es überhaupt noch echte Piraten
gibt", sagt sie.
Aber weiter spricht sie nicht, denn sie hat etwas im
Schilf entdeckt.
„Peer, komm mal her, schnell!", ruft sie aufgeregt.
Im flachen Wasser vor ihr tanzt eine grüne Flasche auf
den Wellen. Sie ist mit einem Korken verschlossen, roter
Siegellack überzieht Teile des Korkens.
Die Flasche hat eine seltsame lange, dünne Form, das
Glas sieht alt aus. Ein Teil des Etiketts ist noch zu sehen,
es ist vergilbt und zeigt schnörkelige Zeichen – sollen
das etwa Buchstaben sein? Aber was steht denn da
geschrieben?
Nina geht näher heran. Ein paar Schilfrohre versperren
ihr die Sicht. Als sie die Rohre zur Seite zieht, dreht sich
die Flasche im Wasser. Nina traut ihren Augen nicht!
Die Flasche enthält ein zusammengerolltes Blatt Papier.
„Peer!", ruft Nina. „Peer! Schau mal! Ich habe eine
Flaschenpost gefunden!"
Nicht nur Peer kommt gelaufen, sondern auch ein älteres
Ehepaar und drei kleine Kinder, die in der Nähe gespielt
haben. Alle machen große Augen.

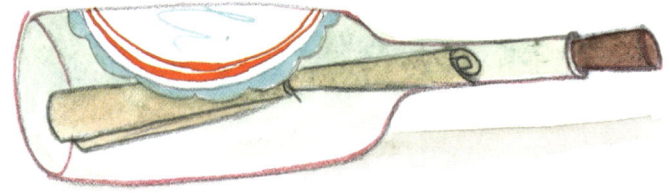

Nina schiebt die Flasche mit einem Stock heran, greift schnell ins Wasser und lächelt stolz in die Runde.

„Aufmachen!", rufen die Kinder.

„Oh ja, bitte mach sie doch auf!", flehen auch die alten Leute.

Nina zieht am Korken, aber der steckt fest.

„Vielleicht stammt die Flaschenpost von einem Menschen, der auf einer einsamen Insel wohnt", sagt eines der Kinder aufgeregt.

„Quatsch", meint Peer, „das gibt's doch nur im Märchen!"

„Oder jemand hat sie aus seinem Gefängnisfenster geworfen und bittet um Hilfe", meint ein anderes Kind.

Nina schüttelt den Kopf. „Das war vielleicht bei Pippi Langstrumpf so, aber doch nicht im wirklichen Leben!"

„Vielleicht schwimmt die Flasche schon seit vielen Jahren hier im Fluss!", sagt die alte Frau. „Das Etikett sieht jedenfalls so aus …"

Nina schaut wieder aufs Etikett und untersucht die alte, schnörkelige Schrift mit den seltsamen Zeichen. Sie erkennt einen Haken, ein Gesicht mit Punkten und ein Schiff mit drei Masten. Sie kann es vor Neugierde kaum noch aushalten!

Aber wie soll sie die Flasche bloß öffnen? Der Korken steckt unwahrscheinlich fest …

Zum Glück hat Peer sein Taschenmesser dabei. Er zerbricht den Siegellack und zieht den Korken heraus. Plopp! Endlich ist die Flasche offen. Nina holt mit zittrigen Fingern den Brief heraus.

Er ist mit seltsamer Tinte geschrieben. Jeder Buchstabe hat eine andere Farbe. Außerdem ist etwas Feuchtigkeit in die Flasche gedrungen, an einigen Stellen ist das Papier durchweicht und die Schrift ist unleserlich geworden. Am seltsamsten aber ist, dass das Papier durchlöchert ist. Nina beginnt zu lesen:

Lieber Empfänger der Flaschenpost!
Ich brauche dringend deine Hilfe! Wenn du SCHREIBEN
kannst, bist du meine Rettung! Willst du mir helfen?
Jede Nacht um zwei Uhr dreizehn fahre ich mit meinem
Piratenschiff den Fluss hoch, um zu schauen, ob du dort
stehst und auf mich wartest. Wenn du mir hilfst, be-
lohne ich dich reichlich, das schwöre ich dir bei meinem
goldenen Zahn.
Ahoi und bis bald!
Dein Pirat Sprenkelkopf

Nina und Peer sehen sich mit offenem Mund an. Sie glauben jedes Wort. Aber die alten Leute lachen und schütteln den Kopf.

„Was für ein Unsinn!", sagen sie und gehen ihres Weges. Auch die Kinder wenden sich ab.

„Schade, wir können dem Piraten nicht helfen, weil wir noch nicht schreiben können!", sagen sie und schon laufen sie los, um am Ufer nach weiteren Flaschen zu suchen.

Nina und Peer bleiben erstaunt zurück.

„Ganz gleich, ob es stimmt oder nicht, wir sollten heute Nacht nach dem Piraten Ausschau halten", sagt Nina, und Peer nickt begeistert.

In der Nacht klettern die zwei heimlich aus dem Fenster. Ein scharfer Wind weht und Wolken verdunkeln immer wieder den Mond. Der Wind heult und rauscht durch die Blätter der Bäume.

Die Kinder ziehen ihre Mützen über die Ohren und schleichen hinunter zum Flussufer. Es ist zwei Uhr.

„Ob der Pirat Sprenkelkopf wirklich kommt?", flüstert Nina. Diesmal hat sie ihre Augenklappe nicht umgebunden und auch den Piratenschlapphut hat sie zu Hause gelassen. Die Seeräuberjagd am Nachmittag war schließlich nur ein Spiel, aber das hier ist ernst.

Peer hat sein Piratenschwert umgeschnallt – nur für alle Fälle.

Sie warten zwölf Minuten. In dieser Zeit sehen sie auf dem Wasser nichts als eine Ente, die sich von ihnen gestört fühlt und leise schnatternd hin und her schwimmt.

Die Kinder sind enttäuscht und müde.

„Das mit dem Piraten war doch alles nur Unsinn", seufzt Peer.

Aber gerade als sie sich auf den Heimweg machen wollen, taucht hinter der Flussbiegung ein mächtiger Schatten auf: Ganz klar – dort kommt ein riesiges Schiff! Es nähert sich mit großer Geschwindigkeit, die Segel des Schiffes sind vom Wind bauchig aufgeblasen. Das Schiff hat drei Masten mit großen weißen Segeln. Ganz oben hängt eine Piratenflagge mit einem gepunkteten Gesicht darauf.

Nina und Peer stehen sprachlos da. Vor Aufregung halten sie sich an den Händen.

Als das Schiff ihre Höhe erreicht hat, wird quietschend ein Anker an einer langen rostigen Kette heruntergelassen. Als er im Wasser versunken ist, tritt jemand mit einer großen Fackel an die Reling. Ganz klar, das muss Pirat Sprenkelkopf sein.

Sein Gesicht ist über und über mit roten Pusteln besprenkelt, aber ansonsten sieht er aus wie ein waschechter Pirat – mit einem großen Piratenhut, einer gefährlichen Narbe auf der Wange und einem Enterhaken, der seine rechte Hand ersetzt.

„Ahoi, ahoi! Seid gegrüßt!", ruft der Pirat und lächelt. In seinem Mund funkelt ein goldener Zahn. Jetzt sieht er eigentlich ganz freundlich aus.

„Seid ihr gekommen, um mir zu helfen?", fragt er ungläubig.

Peer und Nina nicken zaghaft. Sprenkelkopf springt vor Freude in die Höhe. Dann lässt er eine Brücke herunter und winkt den beiden, dass sie zu ihm aufs Schiff kommen sollen.

Nina und Peer steigen vorsichtig die Brücke hoch. Ihre Hände lassen sie nicht los.

Am Ende der Brücke steht Sprenkelkopf und schwenkt seinen Piratenhut.

„Gestatten: Sprenkelkopf, der gefürchtete Pirat der sieben Meere und acht Flüsse. Ich freue mich, dass ihr mir helfen wollt!"

Nina und Peer müssen lachen. Gefährlich sieht der Pirat nun wirklich nicht aus: Er hat ein Holzbein und einen krummen Buckel und weißes Haar. Er sieht aus wie ein Piratenopa!

Als sie das Schiff betreten, bleiben ihnen vor Staunen die Münder offen stehen.

In einer Ecke stehen mindestens zehn Schatzkisten, einige sind geschlossen, andere geöffnet. In ihnen funkeln Diamanten, Goldstücke und Perlenketten, die so lang sind, dass selbst eine Giraffe sie zweimal um den Hals hätte schlingen müssen.

An Bord ist eine große Tafel gedeckt – mit einem gebratenen Tintenfisch, Seesternpudding, Nudeln und Honigbrot. Am Tisch stehen Stühle aus riesigen Muscheln und Schnecken, an einer Leine über dem Tisch hängen Fotos von Meerjungfrauen. Ein großes Aquarium steht an einer Seite des Tisches. In ihm schweben Fische mit rosa

schillernden Flossen und gestreiften Bäuchen und ein paar Quallen mit glitzernden Tentakeln. Zwei Seepferdchen tanzen im Mondenschein. Und ein fliegender Fisch dreht über dem Aquarium seine Runden.

„Seid ihr hungrig?", fragt Sprenkelkopf.

Die Kinder schütteln stumm den Kopf.

„Wobei können wir dir helfen?", fragt Peer leise.

Sprenkelkopf setzt sich hin und beginnt zu erzählen: „Ich habe diesen Sprenkelausschlag von der Inselgruppe der purponischen Pusteln mitgebracht. Ich werde ihn einfach nicht mehr los. Meine Schwester, die sehr weit entfernt auf der Insel Harmonia lebt, könnte mir eine Salbe schicken, mit der die Pusteln verschwinden! Aber ich kann ihr nicht schreiben, weil ich meine rechte Hand verloren und nur noch diesen Haken habe. Mit ihm kann ich keine Briefe schreiben."

Nina weiß auf einmal, woher die Löcher in ihrem Flaschenpostbrief stammen und wieso er so schlecht zu lesen war. Sprenkelkopf hat ihn mit dem Haken geschrieben!

„Könnt ihr den Brief für mich schreiben?", fragt der Pirat.

Peer nickt. Sprenkelkopf reicht ihm Briefpapier, eine Feder und ein Gläschen mit Regenbogentinte, die in allen Farben schillert. Jeder Buchstabe, den Peer schreibt, hat eine andere Farbe.

Peer setzt sich auf eine Schatzkiste und schreibt alles auf, was Sprenkelkopf ihm diktiert.

Als er fertig ist, langt Sprenkelkopf in die Kiste und gibt jedem der Kinder eine handgroße Goldmünze.

„Ich danke euch!", sagt der Pirat feierlich. „Sobald die Pusteln verschwunden sind, kann ich auch am Tag den Fluss hinunterfahren und muss keine Angst haben, wegen meiner roten Pusteln ausgelacht zu werden. Und dann zeige ich den Menschen, was ich für schöne Schätze auf den einsamen Inseln, auf dem Meeresboden und in tiefen Ozeanhöhlen gefunden habe."

Nina und Peer nicken begeistert.

Dann stecken sie ihre Goldstücke ein und verabschieden sich von Sprenkelkopf. Die zwei gehen über die Brücke und laufen schnell nach Hause. Dort steigen sie durchs Fenster, ziehen sich aus und schlüpfen in ihre Betten. Sie schlafen sofort ein.

Am nächsten Morgen erwacht Peer als Erster.

Er angelt nach seiner Jacke, um nach dem Goldstück zu schauen – es ist nicht mehr da!

„Nina, wach auf, hast du mein Goldstück genommen?", fragt er aufgeregt.

Nina reibt sich die Augen und schüttelt den Kopf. Dann rappelt sie sich auf und schaut in ihrer Jackentasche nach. Auch ihr Goldstück ist verschwunden!

„Vielleicht haben wir das gestern alles nur geträumt!", überlegt Nina.

Peer schüttelt den Kopf. Stumm zeigt er auf zwei winzige Regenbogentintenkleckse auf seiner Hand. „Bestimmt sind die Goldstücke uns gestern Nacht, als wir von der Brücke gesprungen sind, aus den Taschen gefallen!", vermutet er.

„Bestimmt liegen sie im Uferwasser!"

Und schon ist Peer aus dem Bett gesprungen und schlüpft in seine Hose. „Komm, Nina, es ist Zeit für unsere Schatzsuche!", ruft er.

Diesmal ist er überzeugt davon, dass sie ihren Piraten-schatz finden werden.

Das Sommergewitter

„Wer als Erster an der alten Kastanie ist …!", schreit
Lennart zu seinen Freunden Kati und Ole hinüber und
tritt wie wild in die Pedale. Er saust mit seinem Fahrrad
über den holprigen Sandweg, der durch die Felder führt,
vorbei an sonnengelbem Raps und grünen Wiesen. Staub
wirbelt auf. Es hat seit Tagen nicht mehr geregnet und
die Erde ist trocken.

„Lennart, warte doch!", rufen Kati und Ole, gerade als
Lennart samt Staubwolke hinter der nächsten Kurve
verschwindet.

Die zwei nehmen die Verfolgung mit ihren Fahrrädern
gar nicht erst auf. Sie sind viel zu erschöpft! Den ganzen
Tag sind die Freunde durch die Felder gefahren, haben
Radrennen veranstaltet, Fangen und Verstecken gespielt.
Eben noch hat Kati auf einer Wiese für ihre Mutter
bunte Blumen und Gräser gesammelt. Wenn sie jetzt zu
schnell fährt, fliegen sie aus ihrem Fahrradkorb.

„Puh, ich kann sowieso nicht mehr", stöhnt Ole. „Lass uns
langsam hinterherfahren", schlägt er vor. Und das tun sie.
Als sie an der alten Kastanie ankommen, sitzt Lennart
schon oben auf dem dicksten Ast.

„Hey, ihr zwei
Schnarchnasen, warum
kommt ihr denn jetzt erst?",
ruft er herunter.

Kati und Ole steigen von ihren Rädern, werfen sich
ins Gras und schauen zu Lennart hoch in den Baum.
„Ich bin schlapp wie 'ne schläfrige Schildkröte",
stöhnt Kati.

Ole stimmt ihr zu: „Und außerdem ist es viel zu heiß,
um sich noch anzustrengen! Wenn wir uns etwas
ausgeruht haben, sollten wir nach Hause fahren.
Ich bin durstig … Und hungrig bin ich auch."

„Hier oben zwischen den Blättern ist es schön kühl!",
ruft Lennart herunter und hampelt wie ein Affe zwischen
den Zweigen herum.
Aber die anderen beiden haben keine Lust hochzusteigen.
Obwohl es schon Abend ist, kommt es ihnen viel heißer
vor als am Tag. Am Nachmittag wehte wenigstens noch
ein leichter erfrischender Wind. Aber jetzt ist die Luft
warm und stickig.
„Ich finde, wir sollten nach Hause fahren", meint Kati.
„Vielleicht gibt's heute noch ein Gewitter."
„Ach, Quatsch, lasst uns doch noch ein bisschen spielen!",
ruft Lennart nörgelnd herunter.
Aber Kati und Ole sind schon auf ihre Räder gestiegen.
Da springt Lennart schnell vom Baum herunter,
schwingt sich aufs Rad und tritt wie wild in die Pedale.
Gemeinsam fahren sie den holperigen Weg nach Hause.
„Wollt ihr bei uns Abendbrot essen?", fragt Ole.
Die anderen beiden nicken begeistert.
Als sie vor Oles Zuhause von den Rädern steigen, schaut
Kati mit gerunzelter Stirn zum Himmel. Die Luft scheint
stillzustehen. Sogar die Vögel haben aufgehört zu zwitschern!
„Irgendwas stimmt hier nicht", meint sie.
Plötzlich kommt Wind auf. Die Blätter in den Bäumen
fangen an zu rascheln, Blumen wehen über die Straße.
Ein paar Häuser weiter wird ein Fahrrad umgepustet
und kracht scheppernd auf den Boden. Es wird immer
dunkler. Gebannt schauen die Kinder zum Himmel, an
dem dunkle Wolken aufgezogen sind.

Und dann passiert's: Ein Donnerschlag kracht durch die
Luft und im selben Moment fängt es an zu regnen.
Dicke Regentropfen prasseln auf die staubige Straße.
Der heiße Asphalt dampft. Lennart hüpft vor Begeisterung
in die Höhe. „Das riecht nach Sommergewitter!", schreit
er begeistert und streift sich seine Sandalen ab. Er springt
barfuß über die nasse Straße und genießt es, wie die
dicken Regentropfen in sein erhitztes Gesicht platschen.
Kati und Ole hüpfen wie zwei Frösche hinter ihm her.

„Vielleicht sollten wir unsere Badesachen holen?",
schreit Lennart begeistert.
„Kommt lieber rein", ruft Oles Mutter da aus Richtung
Haustür. „Es ist sicherer, wenn ihr euch das Gewitter
von drinnen anschaut!"
Wie zur Bestätigung blitzt es wieder und wenig später
hört man heftiges Donnern.

Die drei Kinder hüpfen durch die Pfützen die Auffahrt hoch.

Drinnen im Haus streifen sie ihre pitschnassen Sachen ab. Oles Mutter rubbelt die Kinder mit einem Handtuch ab. Dann holt sie drei Decken und rückt drei Sessel ans große Wohnzimmerfenster.

„Von hier habt ihr den besten Blick auf den Himmel", sagt sie. „Ich rufe eure Eltern an, damit sie Bescheid wissen!"

Die Kinder hüllen sich in die Decken und kuscheln sich tief in die Sessel hinein. Obwohl es draußen so dunkel geworden ist, bleibt das Licht im Wohnzimmer aus, so können sie die Blitze am Himmel noch besser verfolgen.

Der Regen prasselt auf die Straße, der Donner kracht und lila Blitze ziehen über den Himmel.

„Das Gewitter ist genau über uns!", ruft Kati begeistert hinüber zu Lennart. „Mann, ist das gemütlich hier drinnen …"

„Ja", sagt Ole zufrieden.

Aber Lennart antwortet nicht. Ein leises Schnarchen ist aus seinem Sessel zu hören.

Er sitzt da und ist eingeschlafen, völlig erschöpft von dem schönen, heißen Sommertag.

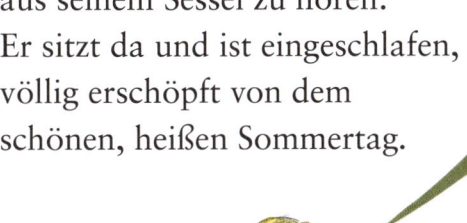

Sternenbesuch

Stell dir vor, du liegst auf einer Wiese.
Der Mond scheint und über dir funkeln tausend helle
Sterne. Wie schön es wäre, wenn diese Sterne auch in
meinem Zimmer an der Decke leuchten würden!, denkst
du dir.
Du schaust dir die Sterne genau an und überlegst, welche
dir am besten gefallen. Der eine da mit den gelben
Zacken! Und der, der so schön flimmert! Dann ist da
noch einer, der schimmert fast weiß. Und den großen da,
den hättest du auch gern.
Jetzt ist es Zeit, nach Hause zu gehen. Wie hell der Weg
vom Mond und den Sternen beleuchtet wird!
Als du in dein Zimmer kommst und zum Lichtschalter
greifen willst, hältst du inne. Was flimmert denn da an
der Zimmerdecke?
Deine vier Sterne, die dir gefolgt sind! Sie sind durch das
offene Fenster geschlüpft und schweben unter der
Zimmerdecke. Schnell ziehst du dich aus und schlüpfst
ins Bett. Die ganze Nacht schaust du die Sterne an, bis sie
am Morgen durch das Fenster schlüpfen und in den
Himmel zurücksausen.

Wenn es schneit

Tobi und Jule liegen in ihren Betten.
„Wenn ihr ohne Murren einschlaft, dann schneit es vielleicht heute Nacht und ihr könnt morgen Früh Schlitten fahren", sagt Papa, als er das Licht ausknipst.
„Jippieh!", meint Jule.
Aber Tobi nuschelt nur „Schön wär's!" in sein Kissen. Er glaubt nicht daran, dass schnelles Einschlafen und Schnee irgendwas miteinander zu tun haben.
„Wenn's heute Nacht schneit, weckst du uns dann?", fleht Jule ihren Vater an.
„Ja", meint er, „versprochen!"
Tobi gähnt. Er hat den ganzen Tag mit Jule und der kleinen Hündin Bea draußen in der eisigen Luft im Garten getobt, und nun kann er seine Augen vor Müdigkeit kaum noch aufhalten.
Als der Vater die Tür zuzieht, sind Jule und Tobi schon eingeschlafen.
Einige Zeit später öffnet sich die Kinderzimmertür wieder. Der Vater knipst die kleine Nachttischlampe an und rüttelt zart an Jules Schulter.
„Aufwachen, Jule! Schau mal nach draußen!"

Jule knurrt nur und schläft weiter. Aber Tobi wacht auf.
Er springt aus dem Bett und tapst zum Fenster. Vor Staunen bleibt sein Mund offen stehen: Unzählige weiße
Schneeflocken segeln vom Himmel herab, kommen aus
dem dunklen Nichts und legen sich zu den anderen, die
auf dem Boden zu einer dicken, weißen Schneedecke
verschmelzen.
Einen Moment lang stehen Tobi und sein Vater ganz still
am Fenster. Tobi lauscht, aber draußen ist nichts zu hören –
kein Auto, kein bellender Hund. Der Schnee fällt lautlos.
„Weißt du, was wir jetzt machen?", flüstert Papa.
Tobi schüttelt den Kopf.
„Wir machen einen Nachtspaziergang durch den Schnee!"
Tobi reibt sich die Augen, steckt seine Hände in die
Taschen seines Pyjamas und schaut seinen Papa mit
gerunzelter Stirn an. Meint er das etwa ernst?
Papa nickt aufgeregt.
„Na gut", meint Tobi und schaut sich nach seiner Hose
und dem dicken Pullover um. Wo hat er die Sachen nur
am Abend hingelegt?

Als er im Dunkeln gegen den Stuhl stößt und laut
„Autsch!" ruft, wacht Jule auf.

Papa geht zu ihr hin und flüstert ihr ins Ohr: „Lust auf
eine Schneeballschlacht?"

„Au ja!", ruft Jule und ist plötzlich hellwach.

Als Tobi, Jule und Papa die Haustür öffnen, liegt der
Schnee schon knöchelhoch. Die Autoreifen sind nur
noch zur Hälfte zu sehen, Pits Ball, der draußen lag, ist
zur Schneekugel geworden, und die Bäume im Garten
sehen aus wie ein weißer Zuckerwald. Bea springt in den
Schnee hinein und fängt wild an zu kläffen.

„Pst, leise!", ruft Papa. „Du weckst noch alle Nachbarn
auf!"

Aber Bea ist außer sich vor Freude. Noch nie in ihrem
Leben hat sie Schnee gesehen. Sie springt hin und her,
stupst ihre Nase in den kalten Schnee und sieht bald
selbst aus, als sei sie mit Puderzucker bestreut. Wild
schnappt sie nach den Schneeflocken, die um sie herum-
tanzen.

Im Gänsemarsch stapfen sie die Auffahrt hinunter und marschieren Richtung Marktplatz.

Der Schnee macht aus der Straße und den Bürgersteigen eine ebene Fläche. Bisher hat noch kein Auto den Schnee durchpflügt. Die Menschen sind zu Hause, schlafen oder sitzen gemütlich in ihren Wohnzimmern.

Jeder Schritt macht ein Geräusch, denn der Schnee knirscht unter ihren Schuhen. Und jeder Schritt hinterlässt einen Abdruck! Sie bleiben stehen und besehen sich die Spuren, die sie hinterlassen haben: Papa hat die größten Schuhe. Dafür macht Tobi die größten Schritte. Jules und Tobis Spuren liegen eng beieinander. Neben jedem Fußabdruck von Jule sind kleine Fußabdrücke von Bea zu erkennen.

„Du siehst schon aus wie ein Schneemann!", ruft Jule zu Tobi, und als Antwort schüttelt er seinen Kopf so, wie es Bea manchmal tut. Die Schneeflocken aus seinem Haar schleudern wild umher. Aber weil es noch immer schneit, ist sein Kopf schon nach kürzester Zeit wieder weiß bedeckt.

Als sie auf dem Marktplatz ankommen, bleiben sie erstaunt stehen. Dort wo sonst Obst- und Fischverkäufer, Bäckerwagen und Blumenhändler stehen, ist nun nichts als Schnee. Die Straßenlampen beleuchten den Platz. In Weiß getaucht, sieht er einfach riesig aus. Und das Schönste ist: Nicht ein einziger Mensch hat bisher die große glitzernde Fläche betreten.

Jule und Bea laufen los: Jule betritt den Platz als Erste. Sie rennt im Kreis und besieht sich atemlos die Spuren, die sie hinterlassen hat. Dann stapft sie wieder los und versucht mit ihren Schritten ein Herz in den Schnee zu malen. Aber Bea springt zwischen ihren Beinen herum und zerstört das Bild. Papa und Tobi lachen.

Da greift Jule wütend in den Schnee und pfeffert ihrem Bruder und dem Vater eine Ladung entgegen.

„Das wirst du büßen!", ruft Tobi, läuft los, schnappt sich eine Ladung Schnee und formt einen dicken Ball. Er wirft ihn und trifft Jule an der Mütze.

„Hilfe, Papa, hilf mir, du musst mich vor Tobi beschützen!", schreit Jule und lässt sich rückwärts in den Schnee fallen.

Papa nimmt mit beiden Händen eine ganze Ladung Schnee und rennt, so schnell es eben geht, hinter Tobi her.

„Oh nein, ein dicker Schneemann verfolgt mich!", ruft Tobi durch die Nacht.

Schneebälle fliegen, mit den Füßen und den Händen
schaufeln sie sich Schneeladungen entgegen, rennen
hintereinanderher und lachen und prusten und rufen
„Stopp! Stopp!", wenn ihnen der kalte Schnee unter
dem Schal hindurch in den Pullover gerutscht ist.
Jule beobachtet die zwei und prustet laut heraus, als
Bea, die zwischen ihnen herumspringt, von einem dicken
Schneeball getroffen wird.
Dann lehnt sie sich zurück, spreizt die Arme und Beine
und bewegt sie im Schnee auf und ab.
„Ich bin ein Engel, seht ihr das?", ruft sie.
Tobi und Papa kommen angerannt. Tatsächlich. Im
Schnee hat sie den Abdruck eines Engels hinterlassen.
„Wollen wir noch mehr Engelspuren in den Schnee
graben?", fragt Tobi.
Papa nickt. Sie lassen sich rückwärts in den Schnee fallen
und rudern wie wild mit ihren Armen und Beinen.
Dann stehen die drei auf und besehen sich ihre Bilder.
„Wenn morgen jemand vorbeikommt, wird er denken,
dass drei Engel auf dem Marktplatz waren", flüstert Jule
andächtig.
Tobi und Papa nicken. Dann drehen sie sich um und
machen sich auf den Heimweg. In aller Stille und mit
erhitzten Gesichtern stapfen sie durch die eisige Nachtluft.
„Heute werde ich gut schlafen", sagt Jule, „und von den
drei Engeln auf dem Marktplatz träumen."
Tobi und Papa nicken und gehen leise hinter ihr her.

Der Tunnel

Stell dir vor, du liegst auf einer Wiese. Die Sonne scheint und du siehst den Hummeln zu, wie sie von Blume zu Blume fliegen. Ihre Flügel surren, sonst ist nichts zu hören.

Plötzlich nimmst du ein Bohren und Hämmern wahr. Sind das Straßenbauarbeiten? Nein, der Lärm kommt direkt aus der Erde unter dir. Du setzt dich ein Stück zur Seite und schaust gespannt auf das Fleckchen, an dem du eben gelegen hast.

Nach kurzer Zeit bricht ein Stückchen Erde auf. Eine Schaufel kommt zum Vorschein, die sich mühsam einen Ausgang gräbt. Als das Loch groß genug ist, schaut ein Eskimo heraus. Er hat sich einen großen Tunnel gebaut, vom Nordpol bis zu deiner Wiese. Endlich ist er in der Sonne. Am Nordpol war es ihm einfach zu kalt!

Huhu!

Endlich Ruhe!

Anton hat vier Geschwister – zwei Mädchen und zwei
Jungen. Obwohl sie alle ziemlich unterschiedlich sind,
haben sie eines gemeinsam: Sie sind älter als Anton.
Der kleine Bruder zu sein, ist manchmal hart für Anton.
Zum Beispiel wenn es ans Wettlaufen geht – er ist immer
am langsamsten. Oder wenn neue Kleidung gekauft wird,
denn die bekommen meistens nur die Ältesten. Anton
muss anziehen, was den Größeren zu klein geworden ist.
Trotz allem: Anton mag seine Geschwister gern! Vor
allem den größten Bruder Frederick. Er spielt gern
Fußball mit ihm und Anton schafft's oft, seinen Ball in
Fredericks Tor zu schießen.

Die anderen Geschwister sind auch in Ordnung, das einzige Problem ist nur: Sie sind immer schon da, wenn Anton einen Wunsch hat. Wenn Anton fernsehen möchte, dann schauen sie schon etwas, was Anton bestimmt nicht gefällt. Wenn Anton ein Wurstbrot essen möchte, dann hat gerade einer seiner Brüder das letzte Stückchen Wurst gegessen. Wenn Anton baden will, dann sitzt schon jemand anders in der Wanne.

Nur wenn Anton seinen Opa in der Wohnung oben im Haus besucht, dann ist niemand von den anderen da. Alle Kinder auf einmal will der Opa nämlich nicht sehen! „Das ist so, als wenn ein Dutzend Äffchen durchs Wohnzimmer springt", sagt Opa. „Sie hüpfen hin und her, bringen alles durcheinander und machen viel Geschrei um nichts. Hinterher muss ich immer aufräumen."

Deshalb lädt Opa die Kinder immer nur einzeln ein. Für Anton ist es das Allerschönste, denn so hat er seinen Opa ganz für sich allein. Sie essen Zitronentörtchen und Himbeereis, spielen Zirkus und versuchen, Opas Kater Eduard Kunststückchen beizubringen.

Opa war früher Tischler. Obwohl er gern Tische und Schränke gebaut hat, wäre er gern Zirkusdompteur geworden, sagt er.

So wie er mit seinem Kater umgeht, wäre das bestimmt auch der richtige Beruf für ihn gewesen, denkt Anton. Wenn Opa mit den Fingern schnipst, dann springt Eduard auf die Hinterbeine und dreht sich im Kreis.

Aber Opa versteht nicht nur viel von Tieren,
sondern auch von Menschen.
„Was bedrückt dich, Anton?", fragt
Opa, als Anton zu Besuch kommt
und ganz stumm in seinem Zitronen-
törtchen stochert.
„Ach", seufzt Anton, „ich hab zu Hause
einfach nie so richtig meine Ruhe!"
„Ja, das hast du schon oft gesagt", antwortet
Opa nachdenklich. Er fasst sich an die
Stirn und reibt gedankenverloren seine
Augenbraue.
„Ich glaube, ich weiß, wie du deine
Ruhe bekommen kannst!", sagt er und
lächelt geheimnisvoll.
Dann nimmt er eine Serviette und zeichnet
darauf ein paar Striche.
Anton erkennt einen Stamm und Äste. „Einen Baum?",
fragt er erstaunt. „Ich brauche einen Baum?"
Opa schüttelt den Kopf und zeichnet weiter. „Was du
brauchst", sagt er und deutet auf seine Zeichnung, „was
du brauchst, ist ein Baumhaus! Dahin kannst du dich
zurückziehen, wenn dich die anderen
stören. Du kannst in Ruhe malen
oder lesen oder Vögel beobachten."
Anton nickt begeistert.
„Ein Baumhaus nur für mich
allein!", ruft er aufgeregt.

144

Etwas Schöneres kann er sich gar nicht vorstellen. „Ich brauche eine Strickleiter, die man hochziehen kann, wenn man oben ist!", sagt Anton. „Dann wissen die anderen gleich, ob ich Besuch haben möchte oder nicht."

„Und du kannst deine Lieblingsspielsachen im Baumhaus verstecken und etwas Proviant dort aufbewahren und vielleicht eine gemütliche Matratze ... und ein Fernglas zum Vögelbeobachten ... Vielleicht landet ja auch mal ein Ufo im Baum, dann kannst du die Außerirdischen zu dir zum Tee einladen!" Opa spricht immer schneller. Er hat seine Augen vor Freude weit aufgerissen und zeichnet jetzt einen neuen Entwurf vom Baumhaus auf die Rückseite der Fernsehzeitschrift.

Anton schaut ihn verdutzt an. „Und wie schaffen wir es, dass die anderen das Baumhaus nicht gleich in Besitz nehmen?", fragt Anton besorgt.

Opa lächelt verschmitzt.

„Ganz einfach", sagt er. „Du und ich werden gemeinsam darin wohnen! Ich will auch etwas davon haben, schließlich baue ich es ja auch für dich!"

„Opa!", ruft Anton. „Das ist einfach eine Superidee!"

Als Anton nach Hause geht, lächelt er geheimnisvoll. Er hat sich vorgenommen, den anderen nichts vom Baumhaus zu erzählen.

Aber dann passiert es doch.

Frederick, sein großer Bruder, fragt beim Abendbrot: „Was hast du, Anton? Warum grinst du so und redest nicht?"

145

Da platzt es aus Anton heraus: „Opa baut mir ein Baumhaus! Nur für ihn und mich allein!"
Die anderen sind erst stumm, dann fangen sie an zu lachen.
„Wohin denn?", fragt Frederick. „Wir haben im Garten doch gar keinen Baum!"
Daran hat Anton nicht gedacht. Er spürt, wie die Traurigkeit aus seinem Bauch in den Hals hochkriecht. Er kann gar nichts mehr sagen vor lauter Enttäuschung. Tränen schießen ihm in die Augen.
Schnell springt er auf und rast wie eine Rakete die Treppen hoch zu Opas Wohnung. Hinter sich hört er die anderen kichern.
„Opa, Opa, wir haben im Garten doch gar keine Bäume!", ruft Anton außer Atem.
Opa klopft ihm beruhigend auf die Schulter. „Daran habe ich doch gedacht!", sagt er. „Wir bauen ein Baumhaus ohne Bäume. Wir brauchen einfach nur vier Pfosten, die die Baumstämme ersetzen. Morgen Früh um acht fahre ich in den Baumarkt und hole Holz. Dann bauen wir das Haus mitten auf den Rasen! Ich habe deine Eltern vorhin schon gefragt, die haben's erlaubt!"
Anton fällt ein Stein vom Herzen. Er drückt seinen Opa und läuft schnell wieder nach unten, denn seit zehn Minuten sollte er eigentlich im Bett sein.
Früh am nächsten Morgen liegen vier Pfosten und ein Riesenstapel Holzlatten im Garten. Auch der Bohrer und die Säge liegen bereit und Opas großer Werkzeugkasten.

Außerdem hat Opa seine Werkbank aufgebaut, auf der er das Holz zusägt.

Anton hat auch eine wichtige Aufgabe, er muss lauter gleiche Nägel aus der Nageldose heraussuchen. Keine leichte Aufgabe, denn in der Dose sind bestimmt eine Million Nägel, schätzt Anton.

Opa hat ihm eine Schüssel hingestellt. Wenn die voll ist, müssten das genügend Nägel für das Baumhaus sein.

„Wenn wir uns beeilen, ist das Haus fertig, wenn die anderen aus der Schule kommen", kündigt Opa an.

Anton beeilt sich. Die Schüssel ist schon halb voll und es ist erst halb neun.

Opa sägt, hämmert und bohrt. Zwischendrin schaut er immer wieder auf seine Zeichnung, die er noch mal überarbeitet hat. Die Striche sind mit dem Lineal gezeichnet und an jedem Strich steht eine Zahl. Anton kann auf der Zeichnung genau erkennen, wie das Baumhaus aussehen soll: Es wird rechteckig und hat ein richtiges Dach. Vor dem Eingang gibt es eine kleine Plattform. „Zum Sonnenbaden", hat Opa gesagt, „oder als Landeplatz für Ufos."

Das Haus erreicht man über eine Strickleiter.

„Hoffentlich machen das meine alten Knochen mit!", sagt Opa.

Aber seine alten Knochen machen noch ganz schön viel mit. Opa schleppt das Holz, gräbt tiefe Löcher für die Pfosten in den Rasen, er zersägt Holzlatten und hämmert sie so schnell zusammen, als wollte er Baumhaus-Weltmeister werden. Anton hilft, wo er kann. Um zwölf

Uhr stehen die Pfosten und die Plattform. Auch die Leiter ist schon angebracht. Das Dach und die Wände fehlen noch, aber man kann die Plattform jetzt schon ausprobieren. Opa und Anton rütteln noch einmal an allen Pfosten.

„Stehen bombensicher", sagt Anton fachmännisch.

Opa nickt und reicht Anton die Hand. „Das haben wir gut gemacht!", sagt er zufrieden.

Opa steigt als Erster oben hinauf.

Anton läuft noch schnell nach drinnen, holt eine Flasche Waldmeisterlimonade und eine Tüte Zitronentörtchen und klettert dann hinter Opa auf die Plattform. Als Letztes hangelt sich der Zirkuskater Eduard die Leiter hoch.

„Was für eine Aussicht!", ruft Opa. Er kann über drei Nachbargärten hinwegschauen bis zu Frau Rabutzkes Radieschenbeet.

Anton legt sich auf den Rücken. Über sich sieht er die Wolken ziehen. Weit oben kreist eine Möwe. Er streckt die Arme aus und stellt sich vor, er würde durch die Wolken segeln.

Plötzlich hört er Stimmen. Schnell rappelt er sich hoch. War das nicht Kindergeschrei?

Tatsächlich: Antons Geschwister kommen die Straße hoch! Zum Glück haben sie ihn auf seinem Aussichtsturm noch nicht entdeckt.

„Schnell, zieh die Leiter hoch!", ruft Anton.

Opa zieht, so schnell er kann. Eine Stunde wollen die beiden die Aussicht hier oben ganz allein genießen.

Dann dürfen auch die anderen zu ihnen hochkommen.
„Aber nur einer auf einmal", sagt Opa. Er will schließlich auch seine Ruhe haben.

Der Fleck

Ich kannte einen rosa Fleck,
der kam immer wieder
und ging niemals weg.

Warum? Das ist ganz einfach!

Er liebte es, geschrubbt zu werden
mit Bürsten und mit Seifenschaum,
mit Shampoo, Lauge, Kernseife,
mit Honigmilch – was für ein Traum!

Mit Frotteetuch und Schwamm und Creme,
gestreichelt und gerieben zart,
mit Salz, Zitrone abgerubbelt,
erst zärtlich weich, dann kratzig hart.

Frau P., Herrn M. und Schwester D.,
denen taten schon die Hände weh
vom Schrubben, Säubern, Seifen.
„Der Fleck muss weg", sagten sie sich.
„Er wird es schon begreifen."

Sie holten eine Schere raus
und guckten voller Hass.
„Okay, ich geh", sagte der Fleck
und wurde auch schon blass.

„Ade und tschüss, auf Wiedersehen!"
Jetzt ist er wirklich weg.
Er wollte Richtung Süden gehn.
Hast du ihn schon gesehn, den Fleck?

151

Die Sache mit dem Briefkasten

Anna und Ben sind mit ihren Eltern im Urlaub. Ihr Ferienhaus ist von Dünen umgeben und grenzt nur zu einer Seite an ein Grundstück, auf dem auch ein Haus steht. Dieses Haus ist alt, sein Dach ist weit heruntergezogen, die Wände sind voller Moos und das rote Holz der Fensterbänke ist morsch und an einigen Stellen gespalten. Ein wilder Garten umgibt das Haus. Haken und Besen stehen ungenutzt an der Wand und werden von dornigen Büschen umrankt. Es ist ein Wunder, dass die Haustür mit dem alten Briefkasten daran überhaupt noch aufgeht, so viel Grün wuchert in dem Garten.
In diesem Haus wohnen keine Feriengäste. Hier wohnt eine kleine, alte Frau, die einen so großen Buckel hat, dass sie den Kopf schräg legen muss, um den Kindern ins Gesicht zu sehen. Die Frau hat weißes Haar, das ihr in alle Richtungen vom Kopf absteht. Sie trägt bunte Schürzen über ihrem grauen Flanellkleid und manchmal rote, manchmal grüne Gummistiefel.
Als Anna und Ben die Frau das erste Mal sahen, haben sie „Guten Tag!" hinübergerufen. Aber die Frau hat nichts verstanden. Sie hat ihre Hand ans Ohr gelegt,

unwillig mit dem Kopf geschüttelt und ist ins Haus gegangen.

Abends steht manchmal eine kleine Kerze am dunklen Fenster und aus dem Schornstein qualmt Rauch, der nach Kräutern duftet.

Die kleine, alte Frau ist trotz des Buckels ziemlich flink. Jeden Morgen schnallt sie sich einen Sack auf den Rücken und läuft in den Wald.

Anna und Ben sind neugierig, was die alte Frau dort treibt. Als sie die Frau einmal heimlich verfolgen, entdecken sie, dass sie Holz, Kräuter und Beeren sammelt und auch noch Käfer, Mücken, Spinnen und Schnecken! Sie greift sie mit den Fingern und steckt sie lebendig in ein Marmeladenglas.

Wenn sie genug hat, verschraubt sie es und steckt es in ihren Sack. Dann nimmt sie alles mit nach Hause und verschwindet drinnen.

„Bestimmt ist die Frau eine Hexe", sagt Anna. „Sie kocht aus den Beeren, Kräutern und Tieren ganz sicher ihren Zaubertrank!"

„Vielleicht hast du Recht", meint Ben, denn er kann sich beim besten Willen nicht vorstellen, was die alte Frau mit dem ganzen Getier in ihrem Häuschen macht.

Eines Morgens kommt ein Briefträger vorbei. Er stellt sein Fahrrad am Zaun der buckligen Frau ab, schnappt sich ein zerknautschtes Paket, öffnet das quietschende Gartentor und stapft durch die wilden Gräser zur Haustür mit dem alten Briefkasten. Als er davorsteht, dreht er

sich plötzlich um, schaut nach rechts und links und geht dann den Weg ums Haus herum.

„Was hat der denn vor?", fragt Anna, die auf der Schaukel sitzt.

„Vielleicht bringt er der Hexe neue Zutaten für ihren Zaubertrank!", sagt Ben. „Wollen wir nachsehen?"

Anna nickt. Die Kinder springen auf, steigen über den Zaun zum Nachbargrundstück und schleichen den anderen Weg ums Haus herum.

„Vorsicht, Dornenbüsche!", ruft Ben, und Anna kann gerade noch rechtzeitig einem zurückschnellenden Zweig ausweichen. Als sie um die Hausecke spähen, sehen sie, wie der Postmann das Paket unter einer alten Kiste versteckt.

Kaum ist er weg, öffnet sich die hintere Tür des Häuschens, und die alte Frau erscheint, nimmt sich das Paket und verschwindet wieder.

Am Abendbrottisch erzählen die Kinder ihren Eltern von den Beobachtungen. Aber der Vater schüttelt nur den

Kopf und sagt: „Die alte Frau ist keine Hexe! Oder habt ihr sie schon auf dem Besenstiel fliegen sehen?"

Die Frage ist gemein, denn Hexen, so meint Anna, fliegen nur nachts durch die Gegend, und nachts müssen die Kinder schließlich schlafen!

„Vielleicht gibt es ja auch einen Grund, dass der Postbote das Paket hinten ablegt!", sagt die Mutter. „Vielleicht ist der Briefkasten einfach nur zu klein!"

Aber das stimmt nicht.

In den folgenden Tagen beobachten die Kinder, wie der Postbote auch kleine Briefe hinten unter der Kiste versteckt. Als er wieder einmal ein großes Paket dort ablegt, schleichen die Kinder kurz entschlossen zur Kiste, um zu sehen, woher das Paket stammt. Aber gerade, als sie die Kiste angehoben haben, geht die Tür des Hexenhauses auf und die alte Frau kommt heraus.

„Was schnüffelt ihr denn in meiner Post herum?", fragt sie wütend.

Die Kinder sind vor Schreck ganz starr. Anna ist rot im Gesicht, so peinlich ist es ihr, erwischt zu werden. Zum Glück beweist Ben Mut.

„Wir würden gern wissen, warum der Postbote Ihre Post hier versteckt, anstatt sie in den Briefkasten zu legen!", sagt er mit fester Stimme. Und weil die Frau schon wieder ihre Hand ans Ohr legt, wiederholt er die Frage laut.

„Das will ich euch gern zeigen!", sagt die Frau.

Sie geht ins Haus. Kurz darauf erscheint sie wieder mit einem Marmeladenglas voller Mücken.

„Kommt mal mit!", sagt sie und geht ums Haus herum, zur vorderen Tür, an der der Briefkasten hängt. Die Kinder folgen ihr mit Sicherheitsabstand.

„Ist sie verrückt?", fragt Anna. „Oder einfach nur gefährlich?"

Aber Ben läuft vor, er ist zu neugierig!

Als die alte Frau sich dem Briefkasten nähert, verlangsamen sich ihre Schritte. Ganz leise öffnet sie das Marmeladenglas und nimmt eine tote Mücke heraus. Dann hält sie ihre Finger vor den Spalt im Briefkasten.

Sofort ist ein lautes Tschilpen aus dem Briefkasten zu hören. Kleine Vögel zwitschern durcheinander und ihre Schnäbel versuchen, die Mücke zu picken.

„Ein Vogel hat bei mir im Briefkasten genistet!", sagt die alte Frau und lacht heiser. „Es lagen fünf Eier im Briefkasten und jetzt sind die Kleinen geschlüpft. Die Mutter achtet auf ihre Kleinen, aber ich füttere sie manchmal heimlich mit ein paar Insekten!"

Und weil die kleinen Schreihälse jetzt in ihrem Briefkasten wohnen, bringt der Briefträger die Post nach hinten in den Garten.

„Ist doch klar, dass er die Post unter die Kiste legt!",
sagt die alte Frau. „Dann werden die Briefe wenigstens
nicht nass, wenn es regnet!"
Im selben Moment fallen ein paar Regentropfen vom
Himmel. Schnell schraubt die Frau ihr Marmeladenglas
zu und geht wieder ins Haus.
Die Kinder ziehen ihre Jacken zum Schutz über die Köpfe.
„Zum Glück ist der Briefkasten oben geschlossen, so
werden die kleinen Vögel nicht nass!", ruft Anna ihrem
Bruder zu, springt über den Gartenzaun und hüpft
glücklich nach Haus.

Der Wolf

Im tiefen, dunklen Gruselwald
wohnt ein kleiner Wolf und gruselt sich halt.

Er gruselt sich vor den Bäumen und Schatten,
er gruselt sich auch vor Eulen und Ratten.

Alles ist dunkel und scheint so gefährlich …
„Da kann man was machen,
also Wölfchen, mal ehrlich!"

Der Wolf nimmt sich Farbe und malt alles an:
Die Bäume rot und die Schatten daran
sind grün oder blau, ich weiß nicht genau.
Die Ratten sind gelb und die Eulen weiß-blau.

Alles ist bunt – was für ein Gefunkel!
Jetzt ist eigentlich nur noch einer hier dunkel:
der Wolf!

Harriet Grundmann, Jahrgang 1969, wurde in Berlin geboren und wuchs in Büsum an der Nordsee zwischen Deichen und Möwengeschrei auf. Sie studierte Lehramt und Angewandte Kulturwissenschaften in Lüneburg und Barcelona, schloss ihr zweites Staatsexamen mit Auszeichnung ab und wandte sich schon früh ihrer Leidenschaft, dem Schreiben, zu. Als Mitgründerin des Kreativ-Teams „Die Kernbotschafter" entwickelte sie im Auftrag von Kultureinrichtungen pädagogische Materialien für Kinder. Als Buchautorin hat sie inzwischen mehr als dreißig Geschichten für Kinder und Erwachsene in namhaften Verlagen veröffentlicht. Harriet Grundmanns bislang erfolgreichstes Buch heißt „Ich sucht Du". Die Geschichte für Erwachsene wurde rund 60 000-mal verkauft. Ihre liebsten Bilderbücher für Kinder sind die häufig rezensierten Geschichten „Frau Machova wartet auf den Postmann" und „Das fünfte Schaf". Harriet Grundmann lebt mit ihrem Mann in Hamburg.

Sybille Hein, geboren 1970, arbeitet als freie Illustratorin und Autorin für verschiedene Verlage und Zeitschriften. Ihre Bücher wurden mehrfach ausgezeichnet und in zahlreiche Sprachen übersetzt. Dreimal erhielt sie den österreichischen Kinderbuchpreis. Bekannt wurde sie auch durch ihre Gestaltung der ZEIT-Kinderbibliothek. Zusammen mit ihrem Ehemann Jochen gründete sie vor Kurzem „Lillebille", eine Firma für interaktive Kindermedien. Außerdem entwirft sie Kleider für ein junges Kinderlabel. Wenn Sybille Hein gerade keinen Stift in der Hand hält, springt sie mit ihrem Kabarett „Sybille und der kleine Wahnsinnige" über die Kleinkunstbühnen dieses Landes oder flitzt mit ihrem Sohn Mika durch Berlins Sandkästen oder über Brandenburgs Wiesen.